普通高等教育会计与财务系列教材

企业财务运营实验教程

（第二版）

主　编　曹翠珍

副主编　李艳萍　王艳萍　石　鑫

科学出版社

北　京

内 容 简 介

本书以突出实践为主导思想，以最新的法律法规为依据，较为全面地阐述了公司设立、公司财务岗位设置、普通股筹资、银行借款筹资、债券筹资、项目投资、营运资金管理、财务报表分析和股利分配等实验的基本内容、基本程序和基本方法。全书分九大部分，每部分实验均按照实验目的、实验流程、实验时间、实验内容与步骤、实训案例和实训练习 6 项内容来编写。为了创造良好的研学实践的氛围，书中实验资料绝大多数为我国上市公司的真实资料，以凸显本土财务环境；力求运用高质量的教学案例训练学生对财务实务问题的专业敏锐度和判断能力，以增强学生实践的能力。

本书既可作为高等院校会计学、财务管理、金融学、企业管理等经济管理类相关专业本科生的教材和研究生的参考用书，又可作为各类经济管理人员的培训教材和自学用书。

图书在版编目（CIP）数据

企业财务运营实验教程/曹翠珍主编. —2 版. —北京：科学出版社，2023.5
（普通高等教育会计与财务系列教材）
ISBN 978-7-03-070578-5

Ⅰ. ①企… Ⅱ. ①曹… Ⅲ. ①企业管理-财务管理-运营管理-实验-高等学校-教材 Ⅳ. ①F275

中国版本图书馆 CIP 数据核字（2021）第 228235 号

责任编辑：纪晓芬 周春梅 / 责任校对：赵丽杰
责任印制：吕春珉 / 封面设计：东方人华平面设计部

科 学 出 版 社 出版
北京东黄城根北街 16 号
邮政编码：100717
http://www.sciencep.com

三河市中晟雅豪印务有限公司印刷
科学出版社发行 各地新华书店经销

*

2012 年 3 月第 一 版 开本：787×1092 1/16
2023 年 5 月第 二 版 印张：12
2023 年 5 月第二次印刷 字数：284 000

定价：45.00 元

（如有印装质量问题，我社负责调换〈中晟雅豪〉）
销售部电话：010-62136230 编辑部电话：010-62135397-2021（HF02）

第二版前言

为适应我国经济环境、法规政策的变化，体现最新理论和实践的应用，提升本书案例的时效性、可读性及可操作性，编者对《企业财务运营实验教程》进行了修订。本次修订主要体现在以下几个方面：

1）根据公司法规的变化、证券法规政策的变化、会计法规的变化、税法的变化，对实验一、实验三、实验四、实验五、实验六、实验八的实验内容与步骤、实训案例、实训练习重新进行了编写，修订内容多、幅度大。

2）对第一版案例中的不足或者不具体的地方，包括实验二、实验六、实验九等进行了补充完善，便于读者学习使用。

3）精心准备了实训练习的参考答案，方便教学及读者学习。

本书由西安邮电大学曹翠珍教授担任主编，由天津市工商与会计专业学位教育指导委员会委员、天津市管理会计咨询专家、天津农学院李艳萍教授，西安邮电大学王艳萍副教授，西安欧亚学院石鑫老师担任副主编。具体分工如下：王维涛编写实验一，石鑫编写实验二，曹翠珍编写实验三和实验四，李艳萍编写实验五和实验七，许港编写实验六，王艳萍编写实验八，龙江滨编写实验九，魏琪雅编写实验四和实验五的实训练习。最后由曹翠珍进行总纂并定稿。

由于编者水平有限，书中难免存在不足之处，恳请读者批评指正。

第一版前言

财务管理学是一门极具应用性和操作性的管理学科。教学的重点应以学生为主体，激发和培养学生学习的兴趣，鼓励学生发现问题、提出问题和解决问题，并尽可能提供更多的思考和动手操作的机会，培养学生研究和解决问题的兴趣和能力，因此，开展财务管理模拟实验教学是当务之急。但是，目前的财务管理实验教材要么是单纯的案例分析，要么是财务管理学基本理论在计算机中的应用，缺乏对财务管理实务内容流程的认识和操作。本书正是针对上述情况，结合我国财务管理活动相关法律、法规、政策的实际而编写的，克服了已有教材重理论轻实践的缺陷。

本书系管理类本科专业的教材，特点如下。

1）充分体现了财务管理在理论、实务与政策 3 个方面的有机统一。通过模拟实验教学，学生能够在掌握相关法规的基础上，提升自身对财务活动的实际决策分析能力和专业技能。

2）充分体现了财务管理活动对特定内容和程序等实践教学的操作性要求。财务管理活动中筹资、投资、营运资金管理、收益分配活动等实验内容的特殊性，决定了各项实验内容和步骤不同，在写作方式上有所差异，彰显了各章节内容的特色。

3）在案例的选取和内容安排上尽可能反映财务管理活动的基本问题和知识点，既考虑全面，又突出重点、把握难点。

本书由西安邮电大学曹翠珍教授担任主编，闫淑荣副教授、王艳萍副教授担任副主编。具体分工如下：王维涛老师撰写实验一；曹翠珍教授撰写实验二～实验五；许港老师撰写实验六；闫淑荣副教授（长安大学）撰写实验七；王艳萍副教授撰写实验八；龙江滨副教授撰写实验九。相信本书的出版不仅是对财务管理模拟实验教学的探索，而且能够对财务管理实际工作者有所启迪。

编者在编写本书的过程中参考了大量的文献，在此对这些文献的作者一并表示衷心的感谢。鉴于编者的水平有限，书中难免存在不当之处，恳请读者批评指正。

目　　录

实验一 公司设立模拟实验

一、实验目的

通过本实验，学生能够熟悉和掌握我国设立公司的相关法规、基本程序及主要内容，掌握公司设立时所需办理的各种必要证件及文件，以便公司具备合法的法人地位，维护其合法权益，为公司经营创造良好的条件。

二、实验流程

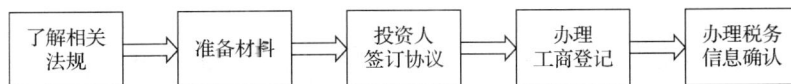

三、实验时间

本实验 4 学时，每学时 50 分钟。可以根据实验需要、专业特点等进行适当调整。实验内容及学时安排如表 1.1 所示。

表 1.1 实验内容及学时安排

实验内容	了解相关法规	企业名称登记	办理营业执照	税务信息确认
学时安排	1 学时	0.5 学时	1.5 学时	1 学时

四、实验内容与步骤

公司设立是指投资人依照国家的有关法律规定，按法定程序在登记机关（县级以上地方人民政府承担市场主体登记工作的部门）取得相关经营所需的各类证照或条件，确立合法的市场经营资格的活动。

按照《国务院关于印发注册资本登记制度改革方案的通知》（国发〔2014〕7 号）和《工商总局办公厅关于进一步统一规范企业登记注册管理工作的通知》（工商办字〔2018〕1 号）的有关规定，我国对企业登记管理制度进行全面改革，改革内容如下：除现行法律、行政法规以及国务院决定对公司注册资本实缴有另行规定的以外，我国当前的注册资本实行认缴登记制，即按照全部投资人承诺出资的金额进行登记，不再要求实际出资和资本金验证，工商登记采用形式审查制度。工商登记实行"多证合一"管理制度，即营业执照、税务登记证、组织机构代码证、统计登记证、社会保险登记证等合并到营业执照的统一代码。

"一照一码"营业执照具有唯一性、兼容性、稳定性、全覆盖性的特征。它的核心是由市场监督管理部门一家审核、核发加载统一社会信用代码的营业执照，并通过信息共享平台将企业基本信息共享给相关部门使用，其他部门都不需要再审核。证照整合是通过部门间的信息共享和业务协同来完成的，无论这个证照在企业开业初期是否需要被使用，企业都不再需要单独办理被整合的证照，在申领营业执照时也不需要等待其他部门的审核，只要信息传输共享到位，企业在设立后就可以持营业执照去办理相关业务。

根据《市场监管总局关于印发〈电子营业执照管理办法（试行）〉的通知》（国市监注〔2018〕249 号）的规定，工商登记同时实行"互联网+"登记模式。投资者可以通过市场监督管理局政务大厅、互联网线上及线上线下相结合方式进行登记。

公司设立的基本程序如下。

（一）办理工商登记

工商登记是指投资人按照《中华人民共和国公司法》（2018 年修正，以下简称《公司法》）的有关规定，在国家市场监督管理机关及其在省、市、县所设立的分支机构进行依法登记，取得公司法人营业执照，确立市场主体地位的经济活动。

公司工商登记的办理分为以下两步。

1. 企业名称查重

在公司正式登记前，投资人应预先在市场监督管理局业务大厅或网上查重系统办理企业名称查重，查重通过后，在规定期限内无人提出异议的名称即为公司的最终名称。登记机关对通过企业名称申报系统提交完成的企业名称予以保留，保留期为 2 个月。设立企业依法应当报经批准或者企业经营范围中有在登记前须经批准的项目的，保留期为 1 年。申请人以此名称准备公司设立登记所需要的相关资料并应当在保留期届满前办理企业登记。

（1）公司名称的相关规定

公司名称是公司章程必须记载的事项之一，是标明公司本身的文字符号，必须符合《公司法》、《中华人民共和国市场主体登记管理条例》（中华人民共和国国务院令第 746 号，2022 年 3 月 1 日起施行，以下简称《市场主体登记管理条例》）、《企业名称登记管理规定》（中华人民共和国国务院令第 734 号，2021 年 3 月 1 日施行）的相关规定。

1）企业名称应当使用规范汉字，由两个以上汉字组成。民族自治地方的企业名称可以同时使用本民族自治地方通用的民族文字。

2）企业名称由行政区划名称、字号、行业或者经营特点、组织形式等 4 部分组成，如西安（行政区划）宏达（字号）商贸（行业或者经营特点）有限责任公司（组织形式）。跨省、自治区、直辖市经营的企业，其名称可以不含行政区划名称；跨行业综合经营的企业，其名称可以不含行业或者经营特点。

3）企业名称中的行政区划名称应当是企业所在地的县级以上地方行政区划名称。市辖区名称在企业名称中使用时应当同时冠以其所属的设区的市的行政区划名称。开发区、垦区等区域名称在企业名称中使用时应当与行政区划名称连用，不得单独使用。

4）企业名称中的行业或者经营特点应当根据企业的主营业务和国民经济行业分类标准标明。国民经济行业分类标准中没有规定的，可以参照行业习惯或者专业文献等表述。

5）一般企业名称不得加冠"中国"字样。企业名称冠以"中国""中华""中央""全国""国家"等字词，应当按照有关规定从严审核，并报国务院批准。国务院市场监督管理部门负责制定具体管理办法。

6）设立企业依法应当报经批准或者企业经营范围中有在登记前须经批准的项目的，保留期为1年。申请人应当在保留期届满前办理企业登记。

（2）公司名称登记时应向市场监督管理部门提交的材料

1）全体投资人签署的《企业名称预先核准申请书》。

2）全体投资人签署的《指定代表或者共同委托代理人授权委托书》及指定代表或者共同委托代理人的身份证件复印件（本人签字）；证明材料上应标明具体委托事项、被委托人的权限、委托期限。

市场监督管理部门审核无误后，直接进行名称登记，并出具《企业名称预先核准通知书》的函件。该通知书的有效期为6个月。

2. 注册登记

在企业名称的有效期内，投资人应及时完成设立公司所需要的签署公司章程等文件，并准备好登记所需的以下全部资料。

1）公司法定代表人签署的《公司登记（备案）申请书》。

2）全体股东签署的《指定代表或者共同委托代理人授权委托书》及指定代表或委托代理人的身份证件复印件。

3）全体股东签署的公司章程。

4）股东的主体资格证明或者自然人身份证件复印件；股东为企业的，提交营业执照复印件。

5）公司董事、监事、经理和法定代表人的任职文件及身份证件复印件，股东会决议、董事会决议或其他相关材料（股东会决议由股东签署，董事会决议由董事签字）。

6）公司住所地证明（自有房产提交房屋产权证复印件，租赁房屋提交租赁协议复印件以及出租方的房屋产权证复印件）。

7）法律、行政法规和国务院决定规定设立有限责任公司必须报经批准的，提交有关的批准文件或者许可证书复印件。

8）公司申请登记的经营范围中有法律、行政法规和国务院决定规定必须在登记前报经批准的项目，提交有关的批准文件或者许可证书复印件或许可证明。

市场监督管理部门在审核以上资料齐全且无误后，办理工商登记，并在规定期限内颁发营业执照或取得电子营业执照。营业执照取得后需要在合法的机构办理公章的刻制。

（二）办理税务信息确认

新设企业的税务管理是我国税务管理和税收征收管理的首要环节，是税务机关对纳税人的基本情况及生产经营项目进行管理的一项基本制度，也是纳税人已经纳入税务机关监督管理的一项证明。因此按照《国家税务总局关于进一步简化企业开办涉税事项办理程序压缩办理时间的通知》（税总发〔2019〕126号）的文件精神，税务机关对新设企业的税务管理制度进行全面深化改革，简化税务管理程序和内容，对新设企业的涉税事项采用税务信息确认制度。根据法律、法规规定，具有应税收入、应税财产或应税行为的各类纳税人，都应依照有关规定办理税务信息确认。

首次办理涉税事宜时，对税务机关依据市场监督管理等部门共享信息制作的"多证合一"登记信息确认表进行确认，对其中不全的信息进行补充，对不准确的信息进行更正。企业可通过办税服务厅（场所）、电子税务局办理，具体地点和网址可从省（自治区、直辖市和计划单列市）税务局网站"纳税服务"栏目查询。

办理税务信息确认需携带以下资料。

1）法人营业执照原件及复印件。

2）法定代表人的居民身份证原件及复印件。

五、实训案例

设立陕西通联信息服务有限责任公司

现有5位投资者拟共同出资设立陕西通联信息服务有限责任公司，注册资本1 500万元，其中王林现金出资500万元，张彤实物出资400万元，其余3人现金出资各200万元，如表1.2所示。公司主要从事计算机通信服务业务，办公地点设在西安市长安南路B23号。现根据以上资料办理该公司开展经营活动所需的各种证照。具体步骤如下。

表1.2　股东出资表

股东名称	出资形式	金额/万元
王林	现金	500
刘平	现金	200
李通	现金	200
赵明	现金	200
张彤	实物	400

1．公司名称登记

由王林召集5位投资者协商公司设立的有关事项，包括注册资本、注册地、公司名称、经营范围等内容，签订设立公司协议。会后王林到市场监督管理局或网上注册系统办理企业名称查重。查重通过并确认后，该名称即为公司登记的名称。

2. 办理法人营业执照

1）根据投资协议和《公司法》的有关规定制定公司章程（附件二，可在市场监督管理局网上下载），由全体股东签署，并准备办公场所的资料。

2）由王林召集全体投资人召开股东大会选举董事会和监事会，召开董事会和监事会选举王林为董事长、张彤为监事长并形成会议决议文件。

3）准备其他登记所需文件资料。

4）王林准备好公司注册登记的各项资料，并填写《公司登记（备案）申请书》后到市场监督管理部门或网上进行登记注册。市场监督管理部门按照公司登记注册的有关规定对王林提供的资料进行审查，审查无误后办理注册登记，并颁发法人营业执照。

3. 公司税务信息确认

王林取得法人营业执照后，根据公司税务信息确认的要求准备下列资料。

1）法人营业执照原件及复印件。

2）法定代表人的居民身份证原件及复印件。

王林携带以上资料到税务机关办理税务信息确认。税务机关根据企业税务管理的有关规定审查王林所提供的资料无误及真实性后，办理税务信息确认，并明确公司所需缴纳的增值税，城市维护建设税、教育费附加，个人所得税、企业所得税、印花税等税种信息。王林也可通过税务机关网上办理系统在网上办理税务信息确认。

详见附件一、附件二。

附件一：

公司登记（备案）申请书

☑ 基本信息（必填项）		
名　　称	陕西通联信息服务有限责任公司 （集团母公司需填写：集团名称：　　　　集团称：　　　　）	
统一社会信用代码 （设立登记不填写）		
住　　所	陕西　省（市/自治区）　西安　市（地区/盟/自治州）　雁塔区　县（自治县/旗/自台 旗/市/区）　小寨　乡（民族乡/镇/街道）　长安南路　村（路/社区）　B23　号	
联系电话	13***123456	邮政编码	710061

5

		☑ 设立（仅设立登记填写）	
法定代表人 姓　名	王林	公司类型	☑ 有限责任公司　　□ 股份有限公司 □ 外资有限责任公司　□ 外资股份有限公司
注册资本	1 500　　万元	（币种：☑ 人民币　　□ 其他_____）	
投资总额 （外资公司填写）	万元（币种：_____）	折美元：_____万元	
设立方式 （股份公司填写）	□ 发起设立 □ 募集设立	经营期限	☑ 长期　　☑ _____年
申领执照	□ 申领纸质执照　其中：副本__2__个（电子执照系统自动生成，纸质执照自行勾选）		
经营范围 （根据登记机关公 布的经营项目分类 标准办理经营范围 登记）	信息技术服务及信息产品的销售等 （涉及"多证合一"事项办理的，申请人须根据市场主体自身情况填写《"多证合一"政府部门 共享信息项》相关内容。）		

注：本申请书适用于内资、外资公司申请设立、变更、备案。

□ 变更（仅变更登记填写，只填写与本次申请有关的事项）		
变更事项	原登记内容	变更后登记内容

注：变更事项包括名称、住所、法定代表人（姓名）、注册资本、公司类型、经营范围、有限责任公司股东（股东姓名或者名称）、股份有限公司发起人的姓名或者名称。
申请公司名称变更，在名称中增加"集团或（集团）"字样的，应当填写集团名称、集团简称（无集团简称的可不填）

□ 备案（仅备案填写）	
事　　项	□ 公司董事、监事、高级管理人员 □ 经营期限 □ 章程（含修正案） □ 认缴出资数额 □ 联络员 □ 外商投资企业法律文件送达接受人

注：高级管理人员包括经理、副经理、财务负责人、上市公司董事会秘书和公司章程规定的其他人员。

指定代表/委托代理人（必填项）			
委托权限	1. 同意 ☑ 不同意□核对登记材料中的复印件并签署核对意见； 2. 同意 ☑ 不同意□修改企业自备文件的错误； 3. 同意 ☑ 不同意□修改有关表格的填写错误； 4. 同意 ☑ 不同意□领取营业执照和有关文书。		
固定电话	85356***	移动电话　13***123456	指定代表/委托代理人签字　<u>王林</u>

（指定代表或者委托代理人身份证件复、影印件粘贴处）

☑ 申请人签署（必填项）
本申请人和签字人承诺如下，并承担相应的法律责任： （一）填报的信息及提交的材料真实、准确、有效、完整。 （二）使用的名称符合《企业名称登记管理规定》有关要求，不含有损国家、社会公共利益或违背公序良俗及有其他不良影响的内容；名称与他人使用的名称近似侵犯他人合法权益的，依法承担法律责任；如使用的名称被登记机关认定为不适宜名称，将主动配合登记机关进行纠正。 （三）已依法取得住所（经营场所）使用权，申请登记的住所（经营场所）信息与实际一致。 （四）经营范围涉及法律、行政法规、国务院决定规定、地方行政法规和地方规章规定，需要办理许可的，在取得相关部门批准前，不从事相关经营活动。 全体股东签字或盖章（仅限有限责任公司设立登记，可另附签字页）： 董事会成员签字（仅限股份有限公司设立登记，可另附签字页）： 法定代表人签字：王林 　　　　　　　　　　　　　　　　　　　　　　　公司盖章 　　　　　　　　　　　　　　　　　　　　　　　2022 年 3 月 21 日

注：公司更换法定代表人的变更登记申请由新任法定代表人签字。

附表 1

法定代表人信息

本表适用于设立及变更法定代表人填写。

姓　　名	王林	国别（地区）	中国
职　　务	□董事长 □执行董事 □经理	产生方式	董事会选举
身份证件类型	身份证	身份证件号码	610131********1121
固定电话	85356***	移动电话	13***123456
住　　所	西安市长安南路 10 号	电子邮箱	wangl@163.com

（身份证件复、影印件粘贴处）

拟任法定代表人签字：

王林

2022 年 3 月 21 日

附表 2

董事、监事、高级管理人员信息

（担任法定代表人的董事长、执行董事、经理不重复填写）

姓名　　王林　　国别（地区）　中国　职务　董事长　产生方式　　董事会选举

身份证件类型　　身份证　　身份证件号码　　610131********1121　移动电话　13***123456

（身份证件复、影印件粘贴处）

注：1. "职务"指董事长（执行董事）、董事、经理、监事会主席、监事、副经理、财务负责人、董事会秘书等。上市股份有限公司设置独立董事的应在"职务"栏内注明。

2. "产生方式"按照章程规定填写，董事、监事一般应为"选举"或"委派"；经理一般应为"聘任"。中外合资（合作）企业应当明确上述人员的委派方。

3. 高级管理人员包括"经理、副经理、财务负责人，上市公司董事会秘书和公司章程规定的其他人员"。

姓名　张彤　国别（地区）　中国　职务　监事长　产生方式　监事会选举
身份证件类型　身份证　身份证件号码　610111********1022　移动电话　13***870056

（身份证件复、影印件粘贴处）
备注事项同上

姓名　赵明　国别（地区）　中国　职务　总经理　产生方式　董事会聘任
身份证件类型　身份证　身份证件号码　610131********1011　移动电话　13677007***

（身份证件复、影印件粘贴处）
备注事项同上

附表3

股东（发起人）、外国投资者出资情况

单位：万元（币种：□人民币　□其他_____）

股东（发起人）、外国投资者名称或姓名	国别（地区）	证件类型	证件号码	认缴出资额	实缴出资额	出资（认缴）时间	出资方式
王林	中国	身份证	610131********1121	500	500	2022年3月18日	现金
刘平	中国	身份证	610111********1029	200	200	2022年3月18日	现金
李通	中国	身份证	610111********1037	200	200	2022年3月18日	现金
赵明	中国	身份证	610131********1011	200	200	2022年3月18日	现金
张彤	中国	身份证	610111********1022	400	400	2022年3月18日	实物

附表 4

联络员信息

姓　　名	李通		固定电话	85356321
移动电话	13971126***		电子邮箱	litong@163.com
身份证件类型	身份证		身份证件号码	610111********1037
		（身份证件复、影印件粘贴处）		

注：1. 联络员主要负责本企业与企业登记机关的联系沟通，以本人个人信息登录国家企业信用信息公示系统依法向社会公示本企业有关信息等。联络员应了解企业登记相关法规和企业信息公示有关规定。
　　2. 《联络员信息》未变更的不需重填。

附件二：

陕西通联信息服务有限责任公司公司章程（简化版）

依据《公司法》及其他有关法律、行政法规的规定，股东王林、张彤、李通、刘平、赵明五人于 2022 年 7 月 25 日制定并签署本章程。本章程若有与国家法律、法规相抵触的，以国家法律、法规为准。

第一章　公司名称和住所
第一条　公司名称：陕西通联信息服务有限责任公司。
第二条　公司住所：陕西省西安市雁塔区长安南路 B23 号。

第二章　公司经营范围
第三条　公司经营范围：计算机、信息服务等。
第四条　公司可以修改公司章程，改变经营范围，但是应当办理变更登记。公司的经营范围中属于法律、行政法规规定须经批准的项目，应当依法经过批准。

第三章　公司注册资本
第五条　公司注册资本：人民币 1 500 万元。
第六条　公司增加注册资本，股东应当自股东会决议之日起 30 日内申请变更登记。

公司以法定公积金转增为注册资本的，公司所留存的该项公积金不得少于转增前公司注册资本的 25%。

公司减少注册资本，应当自公告之日起 45 日后申请变更登记，并应当提交公司在报纸上登载公司减少注册资本公告的有关证明和公司债务清偿或者债务担保情况的说明。公司减资后的注册资本不得低于法定的最低限额。

第七条　公司实收资本：人民币 1 500 万元。

第八条　公司新增资本时，股东有权优先按照实缴的出资比例认缴出资。公司变更注册资本或实收资本，应当依法向公司登记机关办理变更登记。

第四章　股东的姓名或者名称、出资方式、出资额和出资时间

股东名称	身份证号码	出资形式	金额/万元	出资时间
王林	610131********1121	现金	500	2022 年 3 月 18 日
李通	610111********1037	现金	200	2022 年 3 月 18 日
刘平	610111********1029	现金	200	2022 年 3 月 18 日
赵明	610131********1011	现金	200	2022 年 3 月 18 日
张彤	610111********1022	实物	400	2022 年 3 月 18 日

第五章　公司组织机构及其产生方法、职权、议事规则

第九条　股东会由全体股东组成，是公司的权力机构，行使下列职权：

（1）决定公司的经营方针和投资计划；

（2）选举和更换非由职工代表担任的董事、监事，决定有关董事、监事的报酬事项；

（3）审议批准董事会的报告；

（4）审议批准监事会的报告；

（5）审议批准公司的年度财务预算方案、决算方案；

（6）审议批准公司的利润分配方案和弥补亏损方案；

（7）对公司增加或者减少注册资本做出决议；

（8）对发行公司债券做出决议；

（9）提案权；

（10）对公司合并、分立、解散、清算或变更公司形式做出决议；

（11）修改公司章程。

第十条　首次股东会会议由出资最多的股东召集和主持。

第十一条　股东会会议由董事长召集和主持。

第十二条　股东会会议做出修改公司章程、增加或者减少注册资本的决议，以及公司合并、分立、解散或者变更公司形式的决议，必须经代表三分之二以上表决权的股东通过。

第十三条　公司设董事会，由股东会选举。任期 5 年，任期届满，连选可以连任。

第十四条　公司设董事长一名，董事长由董事会选举产生。董事长任期 5 年，任期届满，连选可以连任。

第十五条　董事长行使下列职权：

（1）负责召集股东会，并向股东会议报告工作；

（2）执行股东会决议；

（3）决定公司的经营计划和投资方案；

（4）制订公司的年度财务预算方案、决算方案；

（5）制订公司的利润分配方案和弥补亏损方案；

（6）制订公司增加或者减少注册资本以及发行公司债券的方案；

（7）制订公司合并、分立、解散或者变更公司形式的方案；

（8）决定公司内部管理机构的设置；

（9）决定聘任或者解聘公司经理及其报酬事项，并根据经理的提名决定聘任或者解聘公司副经理、财务负责人及其报酬事项；

（10）制定公司的基本管理制度。

第十六条　公司设总经理一名，由董事会决定聘任或者解聘，总经理对董事会负责。行使下列职权：

（1）主持公司的生产经营管理工作，组织实施执行董事决议；

（2）组织实施公司年度经营计划和投资方案；

（3）拟定公司内部管理机构设置方案；

（4）拟定公司的基本管理制度；

（5）制定公司的具体规章；

（6）提请聘任或者解聘公司副经理、财务负责人；

（7）决定聘任或者解聘除应由执行董事决定聘任或者解聘以外的管理人员；

（8）董事会授予的其他职权。

第十七条　公司设监事会，由股东会选举产生和更换。任期5年，连选可以连任。

第十八条　公司设监事长一名，董事、高级管理人员不得兼任监事，监事会向股东会负责并报告工作，监事长和监事可以列席股东会会议。

第十九条　监事长行使下列职权：

（1）检查公司财务；

（2）对董事、高级管理人员的行为进行监督，对违反法律、行政法规、公司章程或者股东会决议的董事、高级管理人员提出罢免的建议；

（3）当董事、高级管理人员的行为损害公司的利益时，要求执行董事、高级管理人员予以纠正；

（4）提议召开临时股东会会议，在董事长不履行《公司法》规定的召集和主持股东会会议职责时召集和主持股东会会议；

（5）向股东会会议提出提案；

（6）依照《公司法》第一百五十二条的规定，对董事、高级管理人员提起诉讼。

第六章　公司的股权转让

第二十条　股东之间相互转让股权，不需由股东会表决，股东向内部股东以外的人转让股权，应当经其他股东过半数同意。股东应就其股权转让事项书面通知其他股东征求同意，其他股东自接到书面通知之日起满三十日未答复的，视为同意转让。其他股东半数以上不同意转让的，不同意的股东应当购买该转让的股权；不购买的，视为同意转让。

经股东同意转让的股权，在同等条件下，其他股东有优先购买权。两个以上股东主张行使优先购买权的，协商确定各自的购买比例；协商不成的，按照转让时各自的出资比例行使优先购买权。

第七章　利润分配

第二十一条　公司每年度进行一次利润分配，无利润不分配。下一个会计年度开始后前三个月内公布利润分配方案。

第二十二条　公司上一个会计年度亏损未弥补前不得分配利润。上一个会计年度未分配的利润，可并入本会计年度利润分配。

第八章　期限、终止、清算

第二十三条　公司自营业执照签发之日起长期经营。

第二十四条　公司终止经营时，董事会应提出清算程序、原则和清算委员会人选，经股东会同意后，组成清算委员会，对公司财产进行清算。

第二十五条　本章程未规定的其他事项，适用《公司法》的有关规定。公司章程条款若有与国家法律、法规相抵触的，以国家法律、法规为准。

第二十六条　本章程经股东制定，自公司设立之日起生效。

股东签字（或盖章）：王林　张彤　刘平　李通　赵明

2022 年 7 月 25 日

六、实训练习

王易与赵华、李东三人共同拟出资设立一家有限责任公司，主要经营通信设备的批发、销售等业务，注册资本为 1 000 万元，王易出资 400 万元，其他两位投资者各出资 300 万元，全部现金出资。经营场所以租赁方式向西安伟业房地产有限公司取得。

实训要求：

根据上述资料，按照设立公司的基本程序和内容，结合实训案例，办理该公司营业所需要的各项证件。

实验二　公司财务岗位设置模拟实验

一、实验目的

通过本实验，学生能够熟悉和掌握我国公司财务机构的岗位设置，能够合理分析财务机构的职能、工作目标与工作职责，确定具体岗位的名称和胜任此岗位的基本资格（条件），财务机构各岗位的工作职责和工作要求等，明确各岗位的权限和相互关系，为公司财务管理创造良好的组织条件，从而为风险管理奠定基础。

二、实验流程

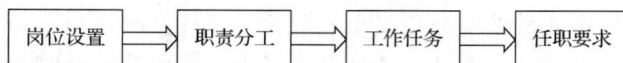

三、实验时间

本实验 7 学时，每学时 50 分钟。可以根据实验需要、专业特点等进行适当调整。实验内容及学时安排如表 2.1 所示。

表 2.1　实验内容及学时安排

实验内容	岗位设置	职责分工	工作任务	任职要求
学时安排	1 学时	2 学时	3.5 学时	0.5 学时

四、实验内容与步骤

财务部是企业经营与发展中的重要职能部门，其地位举足轻重，职责繁杂，其职能的发挥将直接关系到企业的内部控制执行力，也直接关系到企业战略目标的实现。财务部必须在坚持不相容职务分离的原则下实行岗位责任制，明确权利与责任，明确业务流程与信息传递流程，保证会计信息及时传递，保证信息真实、完整，保证会计信息及时披露。

（一）财务部的职能、工作目标与工作职责

1. 财务部的职能

财务部在财务总监或财务部经理的统一领导下开展财务工作，行使三大核心职能。

（1）会计核算与报告职能

会计核算与报告职能体现为财务部对企业资金运作的反映与监督，主要包括以下 4 项内容。

1）会计核算，即依据《企业会计准则》对会计主体已经发生的经济活动进行事后核算，为管理经济活动提供所需的会计信息。

2）会计报告，即编制和提交会计报表，根据会计报表编制企业对外公布的财务报告。

3）财务审计，即对企业会计账目、会计报表、内部控制制度、法律风险等方面进行审计监督。

4）会计信息管理，即对会计档案、会计记录及会计信息系统进行管理。

（2）财务管理职能

财务管理职能，即向内部管理者提供报告和分析，以辅助其决策，主要包括以下 6 项内容。

1）财务预算管理，即对企业经营预算、资本预算和财务预算进行管理。

2）财务报告与分析，即为企业内部管理者提供财务分析报告，以辅助管理者做出经营决策。

3）资产管理，即通过对资产的合理配置，保证企业资源的有效利用。

4）成本的核算与监控，即对发生的生产经营管理费用和产品成本进行核算，并对已发生的费用按用途进行归集和分配。

5）税务管理，即落实企业的财税标准，做好应税项目的税务筹划。

6）财务风险管理与内部控制，即对企业存在的财务风险进行识别、度量和分析评价，并采取有效方法进行防范与控制，以保障财务活动安全、正常开展，使企业免受经济损失。

（3）财务运作职能

财务运作职能主要是对企业现金流、筹资与投资、资本经营及其过程中的风险进行管理。

2. 财务部的工作目标

财务部行使上述各项职能，其总体目标是使股东财富最大化，具体有以下工作目标。

1）保证企业正常运转和扩大再生产的资金需要。

2）投放和使用企业资金，以获取投资收益。

3）合理使用资金，加速资金周转，不断提高资金利用效率。

4）合理确定利润分配比例和方式，提高企业的潜在收益能力，从而提高企业的总价值。

3. 财务部的工作职责

财务部主要的工作职责是根据企业经营目标和董事会决议,组织建立各项财务制度,疏通、维护融资渠道,对会计核算工作和资金运作进行总体控制。同时,财务部对企业财务状况进行监控,及时做出财务分析并出具财务报告,为经营决策提供依据,维护股东及全体员工的权益,保证企业经营目标的实现。

（二）财务部各岗位的工作职责和工作任务、任职条件和要求

按照工作设置相应的岗位,明确责任。坚持对特殊岗位实行资格认证制度,严格执行操作规范。根据岗位选人用人,调动所有员工的积极性和创造性。

企业规模、管理体制不同,设置的具体岗位也有所差异。一般来说,中小企业财务部的岗位设置如图 2.1 所示。

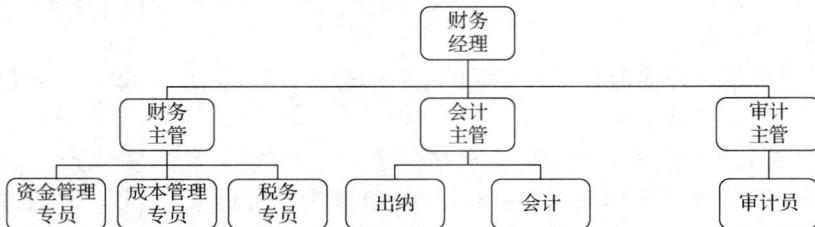

图 2.1 中小企业财务部的岗位设置

这里以某企业集团下属的企业（中型）财务部的岗位设置为例进行介绍,如图 2.2 所示。

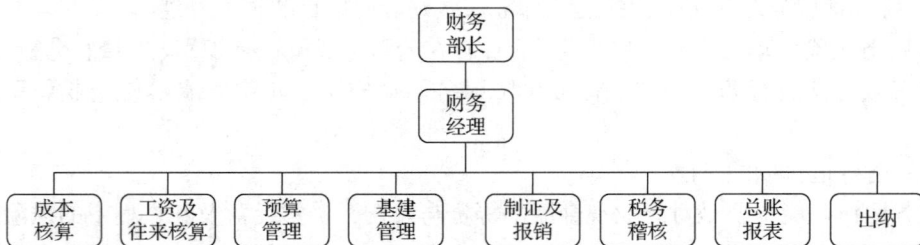

图 2.2 某企业财务部的岗位设置

1. 财务部长

财务部长又称财务总监,主持公司财务战略的制定、财务管理及内部控制工作,筹集公司运营所需资金,完成企业财务计划。

（1）工作职责和工作任务

1）保证内部控制的有效性,聘请审计师审计内部控制报告,确保审计的真实有效。

2）协助总经理制定公司战略，主持公司财务战略规划的制定。

3）主持公司的各项财务管理规章制度和工作程序的制定。

4）负责制定公司利润规划、资本投资计划、财务规划、开支预算或成本标准，拟订企业年度财务预算、决算方案等。

5）制订公司资金运营计划，监督检查资金运作情况和预、决算执行情况。

6）对公司投资活动所需资金的筹措方式进行决策分析，提供最优的筹资方式。

7）保证公司战略发展的资金需求，审批公司重大资金流向。

8）负责审核签署公司预算、财务收支计划、成本费用计划、信贷计划、财务报告、会计决算报表，签署涉及财务收支的重大业务计划、经济合同、经济协议等。

9）主持对重大投资项目和经营活动的风险评估、指导、跟踪和财务风险控制。

10）协调公司同银行、市场监督管理、税务等相关部门的关系，维护公司利益。

11）参与公司重要事项的分析和决策，为企业的生产经营及对外投资等事项提供财务决策依据。

12）编制并提供企业财务报告，如实反映财务信息和有关情况。

13）建立财务预警机制，确定警戒标准，提出解决财务危机的措施和方案。

14）为担保业务制定政策，规定担保额度，实行授权审批程序，严密防范风险。

（2）任职条件和要求

财务部长的任职条件和要求如表 2.2 所示。

表 2.2　财务部长的任职条件和要求

项目	具体要求
职业道德	爱岗敬业，责任心强，有良好的个人素养和政治修养
教育水平	硕士及以上学历，具有会计师职称或注册会计师资格
参考专业	会计、审计、财务管理、金融等专业
工作经验	5 年以上跨国企业或大型企业集团财务管理工作经验
相关知识	接受过管理学、战略管理、组织变革管理、人力资源管理、经济法等方面的培训
相关技能	工作细致、严谨，并具有战略前瞻性思维； 具有较强的判断和决策能力、人际沟通和协调能力、计划与执行能力

2. 财务经理

财务经理又称财务主管，直接归属财务总监管理，主要负责企业会计、财务日常工作的管理。

（1）工作职责和工作任务

1）协助财务总监编制公司各项财务报表、财务计划，编制财务预算。

2）负责处理财务会计工作，督导财务计划的实施，及时了解计划执行中的问题并解决实际困难。

3）负责公司各种财务专用章、税务专用章、税务信息确认、银行印鉴等重要财务资料与物件的安全保管。

4）合理筹措和使用公司资金，以确保资金的有效运用。

5）负责公司所有资产、存货、资金、收入的安全。

6）负责公司保险业务，按政策做好续保、承付保险费及索赔工作。

7）汇编公司年度财务预算。

8）负责有关银行借款及往来事项。

9）对财务部报出的常规和临时性报表进行最后审核。

10）指导业务人员处理各项税务事宜等。

11）建立财务内部审计流程，执行内部审计职责。

（2）任职条件和要求

财务经理的任职条件和要求如表 2.3 所示。

表 2.3　财务经理的任职条件和要求

项目	具体要求
职业道德	爱岗敬业，责任心强，有较高的个人素养和政治修养
教育水平	大学本科及以上学历
参考专业	会计、审计、财务管理等专业
工作经验	5 年以上预算管理、资金筹备、收入管理、成本管理、利润管理、内部审计等相关工作经验
相关知识	精通财务会计、税法、项目管理等知识及有关国家财经政策法规
相关技能	思路清晰，具有较强的组织领导能力，能正确处理财务会计管理中的各种问题； 有协调工作能力，有培训能力； 有一定的英语听说能力和计算机操作能力

3. 成本核算

成本核算岗位主要承担公司的科研、生产成本费用的核算与管理工作。

（1）工作职责和工作任务

1）编制成本计划。

① 搜集历史资料和项目合同资料，并进行对比分析和项目成本初步测算。

② 参与编制项目成本定额计划表并报批。

③ 根据批准的项目成本计划，按季度分解细化，编制季度计划支出表。

④ 根据考核方法，参与确定项目成本考核指标。

2）承担正常的成本核算工作。

① 设置项目成本核算台账，做好成本核算的基础管理工作。

② 审查项目成本的开支口径、对象和范围，保证基础成本支出的合法性、合理性和规范性。

③ 归集项目成本，跟踪项目支出明细情况。

④ 定期编制项目成本报表。

3）进行成本分析工作。

① 定期编制成本报表和分析报告，分析计划的执行情况。

② 预测成本的发展趋势，提出降低成本的途径和加强成本管理的建议。

③ 分析项目进度及项目现场定额消耗的执行情况，提出奖惩意见。

④ 配合相关部门，对正在洽谈的项目成本进行测算，为项目的招标投标工作提供定量依据。

4）上报产成品收发存报表。

① 对产成品收、发、存进行登记汇总。

② 编制产成品收发存报表。

5）编制机关职能部门费用预算执行情况表，分摊各项费用。

① 结算行政职能部门、后勤部门经费余额。

② 编制公用经费、专项经费执行情况表。

6）做好年终决算工作。

① 调整账户，结转成本、费用，协助生成报表。

② 编制项目决算表。

（2）任职条件和要求

成本核算岗位的任职条件和要求如表 2.4 所示。

表 2.4　成本核算岗位的任职条件和要求

项目	具体要求
职业道德	爱岗敬业，责任心强　有较高的个人素养和政治修养
教育水平	大学本科及以上学历
参考专业	会计、审计、财务管理等专业
工作经验	3 年以上相关工作经验
相关知识	具备会计核算、财务管理、会计电算化等知识
相关技能	思路清晰，善于解决问题

4. 工资及往来核算

工资及往来核算岗位主要承担公司职工工资和社会保障基金的核算、收入的核对确认及往来款项的清理等工作。

（1）工作职责和工作任务

1）承办工资发放工作。

① 根据人力资源部的工资变动表、离退休变更单及物业公司代扣职工的房租、水电费等，核算职工当月工资。

② 根据部门工资汇总表编制请款单，报批，通知银行转账，发放工资，同时对职工工资数据库进行更新。

③ 对职工住房公积金、职工工会经费、职工教育经费列表进行计算，填制工资记账

凭证。

④ 做好职工医疗保险金、合同工养老金的管理和会计处理。

⑤ 对调动、离职职工的代扣款项填制记账凭证，计入个人欠款。

⑥ 配合税务岗位打印职工应缴个人所得税，填制扣缴个人所得税申报表。

⑦ 对职工提出的扣缴款项目的异议进行解释。

2）做好往来款清理工作。

① 填制当月有关往来款项的记账凭证，核对外单位往来款项，并督促经办人及时收回账款或发询证函确认，减少坏账。

② 催收"三金"，结算电话费、水电气等费用，清理本公司与集团公司、二级单位的往来，减少关联交易。

③ 按月编制往来账明细表，清理应收账款、其他应收款、其他应付款、预收账款等。

3）办理公司内外贷款及担保工作。

① 根据内部各部门的贷款申请发放贷款表，请各级机关领导签字，交给有关会计做账，下拨指标，建立台账，到期催收贷款。

② 根据本公司贷款决定办理贷款的相关手续，包括办理贷款业务、提供银行要求的财务报表、填写借款合同书、请相关单位担保及到期还贷。

③ 根据公司会议决定，办理贷款担保相关手续。填写借款担保合同书，负责银行担保、担保撤销等工作。

4）办理设备和雇主责任保险业务。

① 对本公司的仪器设备进行财产保险。

② 对生产第一线的危险岗位人员进行雇主责任保险，汇总危险岗位人员名单，上报保险公司备案。

（2）任职条件和要求

工资及往来核算岗位的任职条件和要求如表 2.5 所示。

表 2.5　工资及往来核算岗位的任职条件和要求

项目	具体要求
职业道德	爱岗敬业，责任心强，有较高的个人素养和政治修养
教育水平	大学本科及以上学历
参考专业	会计、审计、财务管理、税务等专业
工作经验	3 年以上相关工作经验
相关知识	具备会计核算、财务管理、经济法、税法、审计及会计电算化知识
相关技能	思路清晰，善于解决问题和化解矛盾，具有较强的沟通协调能力

5. 预算管理

预算管理岗位主要承担财务预算编制、执行、调整和分析等工作。

（1）工作职责和工作任务

1）编制财务预算。

① 根据上年度费用支出情况，给各部门下发预算底稿空白表格。

② 根据各预算编制部门提供的预算底稿，综合平衡编制汇总财务预算初稿并报批。

③ 根据批准的年度财务预算，按季编制各部门控制预算。

④ 编制年度预算损益表、预计现金流量表。

2）执行和调整财务预算。

① 为各部门设置预算责任台账，正确归集各部门费用支出。

② 定期编制各部门预算支出报表并予以通知。

③ 指导各部门设置台账，对一般用款支出实行备查账管理。

④ 对确需调整的预算，经预算单位申请，按规定程序报批调整预算。

⑤ 协助部门负责人审查年度、月度财务预算的执行情况。

3）进行财务预算分析工作。

① 抽查部门年度预算执行效果及真实性，并及时汇报有关抽查情况，建议奖惩。

② 编制各部门年度财务预算执行完成情况报告。

③ 对财务预算执行情况进行统计分析。

④ 参与编制财务总预算完成情况分析报告。

（2）任职条件和要求

预算管理岗位的任职条件和要求如表 2.6 所示。

表 2.6　预算管理岗位的任职条件和要求

项目	具体要求
职业道德	爱岗敬业，责任心强，有较高的个人素养和政治修养
教育水平	大学本科及以上学历
参考专业	会计、审计、财务管理等专业
工作经验	3 年以上相关工作经验
相关知识	了解企业内部业务、工作流程，掌握全面预算管理体系、税法、项目管理等知识及有关国家财经政策法规
相关技能	有较高的理论水平，有较强的计算机操作能力和工作协调能力

6. 基建管理

基建管理岗位主要承担与基建项目有关的财务管理和会计核算工作。

（1）工作职责和工作任务

1）审核原始凭证，填制记账凭证。

① 审核原始报销单据是否合法、有效，发票是否正规，开具发票单位与付款单位是否一致等。

② 审核原始报销单据是否按照资金审批程序经各级领导签字审批。

③ 按照审核通过的原始单据报账打印凭证，交由出纳付款。

2）审核施工单位材料领料单、调拨单。

① 审核材料领料单预算价划价是否准确。

② 汇总材料单金额并制作、打印凭证，交由稽核员稽核。

③ 通知施工单位财务人员对账并取走领料单、调拨单。

3）审核施工单位施工进度并支付工程进度款。

① 根据施工单位报送的工程施工进度及基建管理部门预算负责人核定的数值扣除预付备料款。

② 按照扣除后的款项审核付款申请单。

③ 打印凭证，交由出纳付款。

4）编制财务月报表。

① 根据全部稽核无误的会计凭证记账。

② 结账，完成财务月报表的编制。

5）编制基本建设支出预算执行情况季度汇总报表。

① 完成项目汇总，根据项目各种资料，填写基本建设支出预算执行情况季度汇总报表。

② 制作上报 U 盘，打印基本建设支出预算执行情况季度汇总报表，并交领导签字。

③ 将基本建设支出预算执行情况季度汇总报表上报集团公司。

6）完成年度其他财务决算报表。

① 将全年审核无误的会计凭证全部入账，年度结账。

② 编制年度财务决算报表，并填写报表编报说明，完成银行签证工作，制作上报 U 盘。

③ 将年度财务决算报表上报集团公司，并参加集团公司的财务决算汇总。

7）进行项目完成情况分析。

① 编写项目完成情况汇总表，对项目完成情况与项目概算进行对比。

② 向基建管理部门提供项目完成情况汇总表。

8）配合集团公司委派的会计师事务所完成项目竣工验收审计。

① 编写项目竣工财务决算报表，按照审计组的各项要求填写各类资料。

② 配合审计工作组的要求，提供所需要的凭证、账簿、会计报表。

③ 对审计工作组的提问做出解答，配合完成竣工验收审计工作。

9）做好会计资料的整理、保管、归档工作。

① 保管会计凭证和账簿。

② 将会计资料、凭证、账簿、报表，整理后归档至信息中心。

（2）任职条件和要求

基建管理岗位的任职条件和要求如表 2.7 所示。

表2.7　基建管理岗位的任职条件和要求

项目	具体要求
职业道德	爱岗敬业，责任心强，有较高的个人素养和政治修养
教育水平	大专及以上学历
参考专业	会计、审计、财务管理等专业
工作经验	3年以上相关工作经验
相关知识	精通财务会计、经济法、税法、项目管理等知识
相关技能	较强的沟通协调能力、处理问题能力、学习能力

7. 制证及报销

制证及报销岗位主要承担制作会计凭证、核算费用报销及审核报销单证的合规性等工作。

（1）工作职责和工作任务

1）进行前台经费指标的控制工作，并填制会计凭证。

① 承办日常报销工作。

② 根据每月应计提及应摊销的费用表填制记账凭证。

③ 对凭证进行打印、粘贴、整理。

④ 每日填制凭证结束后，与出纳核对所填收付凭证的正确性。

⑤ 每月月底向相关部门催缴电话费、文印费、车辆使用费等相关费用的分摊明细表。

⑥ 月末对自定义结转凭证的结转项目进行核对。

⑦ 每月末对已审核的凭证进行记账处理。

2）清理公司所管业务范围内往来账目。

清理制证及报销职责范围内的应收款项与应付款项，如借款单等。

（2）任职条件和要求

制证及报销岗位任职条件和要求如表2.8所示。

表2.8　制证及报销岗位任职条件和要求

项目	具体要求
职业道德	爱岗敬业，责任心强，有较高的个人素养和政治修养
教育水平	大专及以上学历
参考专业	会计、审计、财务管理等专业
工作经验	3年以上相关工作经验
相关知识	具备会计、税法、经济法、计算机等相关知识
相关技能	精通账务处理程序，具备一定的计算机操作能力和工作协调能力

8. 税务稽核

税务稽核岗位主要承担汇缴流转税、企业所得税及填制各项税费报表，稽核会计凭证，以及发票购用管理和财务档案管理工作。

（1）工作职责和工作任务

1）承办纳税申报工作。

① 对取得的发票进行税务认证。

② 核对各种税费的计算是否正确。

③ 填制增值税、城市维护建设税、教育费附加、印花税等各种报表。

④ 办理每月税务申报工作。

⑤ 办理企业所得税季报、年报及年终汇算的清缴工作。

⑥ 接待税务检查。

2）稽核会计凭证和账簿。

① 根据公司年度财务预算和各项财务管理制度，逐笔审核各项费用支出，向上级报备不合理的和计划外的支出。

② 检查对业务的会计处理是否合理、内容是否真实、手续是否完备、数字是否准确、原始凭证是否合法有效，对于发现的问题及时通知相关部门修改。

③ 审核现金和银行存款，检查银行存款的账面余额与银行对账单是否一致，抽查库存现金与现金账面余额是否相等。

④ 整理记账凭证、原始凭证及账簿，确认是否不断号、不缺页、不错页，装订是否规范，审核账簿启用页印章是否齐全。

⑤ 审核账账之间、账表之间是否相符。

⑥ 会同有关人员制定、修改会计稽核制度。

3）承办财务档案的修订、保管、归档、销毁等工作。

① 对审核无误的会计凭证进行整理，按凭证编号顺序装订成册，书写凭证封面并加盖有关印章。

② 对需要归档的会计资料按类进行登记造册，编制会计档案移交清册，一式两份，按移交清册与档案部门逐项进行清点移交，无误后双方签字。

③ 会计档案保管期满，对需销毁的会计资料进行清点，编制销毁清册，并与档案部门监销。

4）做好发票管理。

① 起草发票领、用、存和核销管理制度。

② 办理发票的领购、开具和保管事宜，填写发票领、用、存登记簿。

③ 对已开具的发票，要求经办人员在发票所有联上签字，经办人是客户的，还需要注明客户经办人的身份证号码，或附该客户的单位介绍信，发票存根联归档管理。

④ 审核接受的发票，需认证的增值税专用发票应及时到税务机关办理相关手续。

（2）任职条件和要求

税务稽核岗位的任职条件和要求如表2.9所示。

表 2.9 税务稽核岗位的任职条件和要求

项目	具体要求
职业道德	爱岗敬业，责任心强，有较高的个人素养和政治修养
教育水平	大专及以上学历
参考专业	会计、审计、财务管理、税务等专业
工作经验	3 年以上相关工作经验
相关知识	具备会计核算、财务管理、税法、税务筹划、审计及计算机知识
相关技能	具有较强的沟通协调能力

9. 总账报表

总账报表岗位主要承担组织日常会计核算、汇总总账、编制财务报告、进行财务分析和电算化系统管理等工作。

（1）工作职责和工作任务

1）组织日常会计核算工作，汇总总账。

① 监督实际发生的经济业务，按规定的处理程序进行会计处理。

② 按规定设置会计凭证、会计账簿。

③ 协调出纳、制证及报销、税务稽核、工资及往来核算等岗位的工作。

④ 汇总总账，按月结账，按年决算。

⑤ 监督协调会计档案的立卷、整理、制订、保管、查询、归档等工作。

2）编制公司内部月份财务报表、集团公司月份财务快报和决算会计报表。

① 按月编制公司内部财务报表。

② 按月根据公司财务报表编制集团月份财务快报。

③ 按月根据财务快报编制财务快报分析报表并编写相应的说明。

④ 编制年度集团公司决算会计报表。

⑤ 编制《企业基础材料》并上报。

⑥ 提供集团公司要求上报的其他相关财务数据。

3）进行财务分析。

① 建立财务分析评价制度体系，计算各类财务评价指标。

② 根据财务评价指标对全公司经营状况进行行业比较分析、趋势分析、结构分析，编写财务分析报告，供领导或相关部门参阅。

③ 定期结合内部成本核算的原始数据及全公司年度预算指标的要求，配合预算会计分析检查成本预算执行情况，提供分析报告，供领导参考，为决策提供依据。

④ 根据内部管理报表，分析公司经营现状及经营过程中待解决的问题，提出解决建议，供领导参考。

⑤ 分析资金运作的实际情况，提出优化建议，供财务部长参考。

⑥ 根据年度预算安排及合同签订情况，分析合同的履行情况。

⑦ 配合税务稽核岗位制定合理的税收筹划方案。

4）承担电算化系统管理工作。

① 维护财务计算机局域网，开关主服务器及实际操作应用程序。

② 做好密码与口令的保密工作，并按规定定期调换密码与口令。

③ 设置系统内部全部操作人员权限。

④ 定期做好财务数据的备份工作。

⑤ 与软件公司保持联系，了解行业软件更新情况，并依据年度财务工作计划，制订相应的年度软件更新及新软件的购置计划，并组织实施。

（2）任职条件和要求

总账报表岗位的任职条件和要求如表 2.10 所示。

表 2.10　总账报表岗位的任职条件和要求

项目	具体要求
职业道德	爱岗敬业，责任心强，有较高的个人素养和政治修养
教育水平	大学本科及以上学历
参考专业	会计、审计、财务管理等专业
工作经验	3 年以上相关工作经验
相关知识	具备会计核算、财务管理、经济法、税法、审计及会计电算化知识
相关技能	具有较高的理论水平、较强的沟通协调能力和较强的计算机运用能力

10. 出纳

出纳岗位主要承担现金、银行存款收付工作，以保证货币资金安全。

（1）工作职责和工作任务

1）收付现金、银行存款，及时对账，保证账实、账票相符。

① 每日根据稽核审核签章后的有关凭证，复核后办理支付业务。

② 管理库存现金，将超过银行核定的库存限额部分及时存入银行。

③ 登记现金、银行日记账，每日终了核对库存现金，做到账库一致，日清月结。

④ 及时查询余额，查询往来业务，取回单、银行对账单，登记到账情况并发放到账通知单，按月编制银行存款余额调节表，并查明未达账项的原因，报告后及时处理。

⑤ 每日掌握存款余额，报送资金日报表。

⑥ 月初编制资金流量情况表。

2）执行财经制度和结算纪律。

① 严格执行银行结算管理制度，不签发空头票或远期票，不违反规定开立和使用银行账户，不得出借、出租银行账户。

② 严格执行现金管理制度，严格按现金收支范围标准及审批手续办理收支业务，对审批不全的付款要求有权拒付。

③ 负责从经营部门及其他有收入的部门回收票据，审核无误后立即报送有关领导，并及时入账。

④ 及时汇报工作中发现的问题。

⑤ 保守本公司的财务机密。

3）保管有关票据以及银行印鉴。

① 保管空白票据、错误票据及作废票据。

② 保管现金收支业务的单据和银行预留印鉴。

③ 根据需要开立和撤销账户。

④ 协助处理好与各金融机构的关系。

（2）任职条件和要求

出纳岗位的任职条件和要求如表 2.11 所示。

表 2.11　出纳岗位的任职条件和要求

项目	具体要求
职业道德	爱岗敬业，责任心强，有较高的个人素养和政治修养
教育水平	大专及以上学历
参考专业	会计、审计、财务管理等专业
工作经验	1 年以上出纳岗位工作经验
相关知识	具备财务会计、经济法及计算机知识
相关技能	较强的沟通协调能力

五、实训案例

实训案例一　资金的内部控制

案例 2.1　杰克公司货币资金失控

杰克公司的前身是一家国有企业，始建于 2008 年，2012 年改制为杰克公司，经过十几年的发展积累了相当丰富的工艺技术和一定的管理经验，公司内部有多项管理制度。公司设备先进，具有较强的新产品开发能力，主要生产五大系列 28 个品种、420 多种规格的低压和高压、低速和高速、异步和同步电动机。公司具有完整的质量保证体系，2015 年通过 ISO 9000 系列质量管理体系认证。公司年创产值 2 800 万元，实现利润 360 万元。随着公司的发展壮大，公司在经营过程中出现了一些问题，已经影响到公司的发展。

该公司出纳员李敏，给人以兢兢业业、勤勤恳恳的印象，待人热情，工作中积极肯干，受到领导的器重和同事的信任。事实上，李敏在其工作的一年半期间，先后利用 22 张现金支票编造各种理由提取现金 98.96 万元，均未计入现金日记账，构成贪污罪。李敏的具体手段如下：①隐匿 3 笔结汇收入和 7 笔会计开好的收汇转账单（记账联），共计 10 笔销售收入 98.96 万元，将其提现的金额和隐匿的收入相抵，使 32 笔收支业务均未在银行存款日记账和银行余额调节表中反映；②由于公司财务印鉴和行政印鉴合并，统一由行政人员保管，李敏利用行政人员疏于监督的纰漏开具现金支票；③伪造银行对账单，将提现的整数金额改成带尾数的金额，并将提现的银行代码"11"改成托收的代码"88"。公司在清理逾期未收汇时曾经发现有 3 笔结汇收入未在银行存款日记账和银行存款余额调节表中反映，但当时由于人手较少未能对此进行专项清查。

李敏之所以能在一年半的时间内作案 22 次，贪污 98.96 万元，主要原因在于公司缺乏一套相互牵制的有效的约束机制和监督机制，从而使李敏肆无忌惮地截留收入、贪污，猖狂作案。

案例分析：

1）从本案例中可知，杰克公司内部控制疲软、内控监督机制失灵是李敏走上犯罪道路的重要原因。杰克公司存在以下几个管理上的漏洞。

① 出纳兼与银行对账，为出纳员提供了在编制银行存款余额调节表时擅自报销 32 笔支付现金业务的机会。

② 印鉴管理失控。财务印鉴与行政印鉴合并使用，由行政人员掌管，出纳在加盖印鉴时未能得到有力的监控。

③ 未建立支票购入、使用、注销的登记制度。

④ 对账单由出纳从银行取得，提供了伪造对账单的可能。

⑤ 凭证保管不善。会计已开好的 7 笔收汇转账单（记账联）被李敏隐匿，造成此收入无法计入银行存款日记账中。

⑥ 发现问题后追查不及时。在清理逾期未收汇时发现 3 笔结汇收入未在银行存款日记账和余额调节表中反映，但由于人手较少未能对此进行专项清查。

2）杰克公司在内控监督方面的补救措施如下。

① 复核银行存款余额调节表的编制是否正确、有无遗漏和收支抵消等情况。

② 督促有关人员及时、全面、正确地进行账务处理，使收支业务尽早入账，不得压单。

③ 记账与出纳业务的职责相分离，对现金的账实情况进行日常监督和专项监督，查看库存的现金有无超出限额，有无挪用、贪污情况，保管措施如何。

④ 出纳与获取对账单职责相分离。

⑤ 监督出纳移交工作的整个过程，查看移交清单是否完整，对于遗留问题应限期查明，不留后患。

此案例说明，内部控制的有效执行是企业财产安全的保证，而内部控制监督则是内部控制制度得以有效执行的保障。企业应充分认识内部控制监督机制的重要性。

案例2.2　货币资金内部控制授权

A 企业规定：为对货币资金开支实行严格的控制，在年度预算内的资金预算，5 万元以下的开支由财务经理审批；5 万~20 万元的开支由财务总监审批；20 万~50 万元的开支由财务总监签署意见，总经理审批；50 万元以上的开支由董事会商议决定。

2021 年 6 月 10 日，公司采购部门送来付款申请及相关凭证，要求按照采购合同约定，用转账支票支付上月采购某种货物的货款 6 万元。

碰巧当日财务总监在外出差，负责预算内资金支付的出纳小李也因病请假，小李的个人名章和票据经财务经理同意由小王保管，但小王平时只负责日常零星开支和与银行对账，不经手支票开具事务。因此，财务经理答复采购处，暂时无法支付货款。

但是，按照采购合同中的规定，若当日无法付款，将支付供货方一定的违约金。在此情况下，财务经理启动了临时授权程序。

第一，他立即与财务总监取得联系，说明具体情况，财务总监同意先由财务经理代签，出差回来再办理补签手续。财务经理将财务总监的特别授权意见及时告知相关复核人员。

第二，财务经理授权小王暂行小李的职权，待小李病假回来后仍各归其位，各负其责。

第三，向管理公司法定代表人图章的小张说明情况，取得其支持。至此，特别授权程序完成，采购货款得以顺利支付。

案例分析：

财务权的特点就在于保守与稳健。可以看出本案例涉及的是一个制度比较规范的企业，企业在财务方面设置了非常规范的审批程序与权限，这种授权方式无疑对企业的稳健经营起到了非常好的作用。财务总监在外出差，负责预算内资金支付的出纳小李也因病请假暂时无法支付货款，而财务经理只有 5 万元的审批权，6 万元的审批权在财务总监的手上。财务总监出差本就应该启动授权，以避免造成因为需要财务总监启动授权程序而增加的沟通成本。

本案例至少可以得出以下 3 点启示。

1）授权应该建立在分工基础上。也就是说，财务问题的授权一般情况下在员工原有分工范围内进行，这样有利于实现授权的目标，但又超越原有的工作权限与职责，所以需要启动授权程序。

2）在企业组织中充分向下授权、降低决策层级，将决策点置于流程内部，从而达到纵向压缩组织，使组织扁平化和充分发挥每位员工在整个企业业务流程中作用的效果。这样就会大大提高工作效率，节约成本。

3）现代企业流程管理强调打破在阶层制管理下每个员工被围于每个部门的职能范围内，评价他们的标准是在一定边界范围内办事的准确度如何，从而极大地抑制个人能动性与创造性的局面，本着流程由使用者主导，产生信息的工作与处理该信息的工作应该尽可能地有效结合，而非一分为二，让执行者拥有决策的权力等思想，强调企业管理改革之后，在每个流程业务处理过程中最大限度地发挥每个人的工作潜能与责任心，流程与流程之间则强调人与人之间的合作精神。在现代企业管理中，个人的成功与自我实现取决于个人所处的流程及整个流程能否取得成功。这样，必然要求弱化绝对权威制度，建立以人为主体的流程化组织，在这种组织中充分发挥每个人的主观能动性与潜能。

这将是以客户需求为根本、以实现公司目标为导向的更高境界的授权。这种理念对我国的很多企业与组织将是新的追求与挑战。

实训案例二　存货的内部控制

案例 2.3　合信木制品公司内控失效

合信木制品公司是一家中型外资企业，2010～2016 年每年的出口创汇居全市第三名，年销售额 4 300 万元左右。2018 年以后，该公司业绩逐渐下滑，亏损严重，2020 年破产倒闭。究其原因，不排除市场同类产品的价格下降、原材料价格上涨等客观的变化，但根本原因在于内部管理混乱。在税务部门的检查中发现：该企业的产品成本、费用核算不准确，浪费现象严重，存货的采购、验收入库、领用、保管不规范，归根到底是缺乏一个良好的内部控制制度。这里主要介绍存货的管理问题。

1）董事长常年在国外，材料的采购由董事长个人掌握，材料到达入库后，仓库的保管员按实际收到的材料数量和品种入库，实际采购数量和品种保管员无法掌握，也无合同等相关资料。财务的入账不及时，会计自己估价入账，发票几个月甚至长达一年以上才回来，发票的数量和实际入库的数量不一致，也不进行核对，造成材料的成本不准确，忽高忽低。

2）期末仓库的保管员自己盘点，盘点的结果与财务核对不一致的，既不去查找原因，又不进行处理，使盘点流于形式。

3）材料的领用没有建立规范的领用制度，车间在生产中随用随领，无计划，多领也不办理退库的手续。生产中的残次料随处可见，随用随拿，浪费严重。

案例分析：

该企业失败的原因有以下 4 点。

1）该企业基本没有内控制度，更谈不上机构设置和人员配备合理性问题。在内部控制中，对单位法定代表人和高级管理人员对实物资产处置的授权批准制度做出相互制约的规范，非常必要。重大的资产处置事项，必须经集体决策审批，从而为单位负责人企图搞"一言堂"设置制度障碍。

2）该企业未对入库存货的质量、数量进行检查和验收，不了解采购存货要求。另外，该企业未建立存货保管制度，仓储部门随意调整存货盘点的结果。采购人员应将采购材料的基本资料及时提供给仓储部门，仓储部门在收到材料后按实际收到的数量填写收料单，登记存货保管账，并随时关注发票的到达情况。

3）该企业既无规范的材料领用和盘点制度，又无定额的管理制度，材料的消耗完全凭生产工人的自觉性。应细化控制流程，完善控制方法。因为单位实物资产的取得是多个部门共同完成的，采购部门负责购置，验收部门负责验收，会计部门负责核算，使用部门负责运行和日常维护。由此看来，企业最终破产不是因为控制流程不完备就是因为控制方法没有发挥作用。

4）存货的确认、计量没有标准，完全凭会计人员的经验，直接导致企业的成本费用不实。

正是以上这些原因，导致一个很有发展前途的企业最终破产。

实训案例三　担保的内部控制

案例2.4　无担保内控制度

2021年5月，应某咨询公司的邀请，王教授到西安考察、评估一家公司，该公司准备上市，需要有资质的证券商辅导。在3天的评估时间里，王教授一直认为该公司财务状况良好，管理规范。但在第三天下午查阅企业合同与协议时，王教授突然发现该公司有一笔为其他企业贷款的担保，担保金额2000万元；如此巨额的担保，不仅没有被担保人的资信调查，更没有反担保，很多人不知道此事，是总经理一人决定，授意财务部门经办的。由于此担保业务，该公司财务状况评价陡然下降，拟推荐上市的保荐机构决定不再推荐其上市，导致整个评估工作报废。

很多人怀疑总经理接受了被担保企业的商业贿赂，但由于没有证据，董事会没有追究责任，此事也就到此结束。

案例分析：

该公司没有担保的内部控制制度，又是总经理一个人说了算，没有集体决策，也没有通过董事会决议，所以影响了公司的上市评估。总经理独断专行，同时没有追究责任制度。

因此，企业应当建立担保业务责任追究制度，对在担保中出现重大决策失误、未履行集体审批程序或不按规定管理担保业务的部门及人员，应当严格追究相应的责任。

案例2.5　担保控制不健全

某公司的财务经理没有经过集体讨论，私下为另一家企业担保1000万元贷款，结果第二年被担保企业财务状况恶化，没有能力偿还贷款；银行依法从担保公司账户强行划款1000万元，导致担保公司资金周转困难。董事会追究责任，发现财务经理收受对方好处费50万元，结果该财务经理被追究刑事责任，而企业也处于财务困境。

案例分析：

企业必须建立严格的担保控制制度，绝不允许一个人决定担保业务。担保业务必须按额度授权批准，必须按规定的程序进行。政策必须明确，没有必要绝不进行担保业务。

企业应当在担保合同到期时，全面清查用于担保的财产、权利凭证，按照合同约定及时终止担保关系。

经办人员应当在职责范围内，按照审批人员的批准意见办理担保业务。对于审批人超越权限审批的担保业务，经办人员应当拒绝办理。

实训案例四　合同的内部控制

案例 2.6　百威公司合同案例

百威公司是一家外商投资企业，公司的内部控制在几年中不断发展，在合同管理中有一套自己的制度。采购时一直按照填制请购单—询价比较—选择供应商—合同评审—合同签订的流程控制。

但当月初询价时，采购员要求供应商报价，而报来的材料规格、型号与要求不符。没办法只好由采购员电话询价，而采购员最后订货的价格比同类厂家高出 10 万元；采购员没有说明供应商的增值税发票情况，向主管领导汇报时只说价格是最低的，造成主管审批失误。

货被送达时，采购员没有按规定验收入库，而是星期天由供应商送货，趁仓库无人时将原材料直接送到生产车间。交货后没有及时结算，单证被压在采购员手中。

结算时财会人员发现供应商不具备一般纳税人资格，开出的普通发票没有扣税功能。但此时原材料已经使用完毕，"生米已经煮成熟饭"，只能如此。

百威公司依据合同继续调查，顺着线索摸出采购员擅自到不合格供应商处进货，是因为收取了回扣。

案例分析：

百威公司虽然有了内部控制制度，但对合同控制没有到位。

首先，缺少供应商主体资格调查，导致小规模纳税人供货企业无增值税专用发票，没能得到增值税扣税，给公司造成直接损失。

其次，企业商品验收环节失控，产生缺陷。询价、谈判和签订合同由同一个人负责，没有制约，所以发生采购员受贿。

最后，百威公司合同起草没有有关部门参加，而是由一人完成，不相容职务没有分离。

可见，内部控制在合同管理中何等重要。

案例 2.7　安徽合肥面粉公司处理合同实例

安徽合肥面粉公司多年来一直与大华粮油公司合作，销售其生产的面粉，每月发货 50 吨，合作非常好，双方都很守信，一方每月发货 50 吨，一方每月结算 50 吨的货款。然而，2021 年 3 月大华粮油公司收货完毕提出本批货物短缺 6 袋面粉，共计 150 千克，价格 420 元。安徽合肥面粉公司业务员得知后立即请示总经理，然后回答说："这次不必查找原因，本次按合同结算，下月发货保证多装 6 袋，给予补足，下月不补足再双倍扣货款。"大华粮油公司同意如此处理，纠纷很快得到解决。

案例分析：

安徽合肥面粉公司的做法正确，因为短缺 6 袋面粉，实在是难以查出原因。到底是发货少发了，还是运输途中丢失，抑或是其他原因，查找的成本远远大于承担损失的成本，所以还是自己承担为好，不伤和气，这样能够保持长久的合作伙伴关系。虽然损失6袋面粉，但公司是最大赢家。

实训案例五　业务外包的内部控制

案例2.8　工程业务外包中的职务犯罪

国有企业外包业务犯罪发案数量一直居高不下，仅以某市区人民检察院2020年查处的案件为例说明。3月初，该区人民检察院接到以下举报：

张某，某工程公司供应科科长，在外购买高档住宅，与其收入明显不符。调查后发现张某在公司权力很大，公司供应科的材料采购由他一手操办。公司内部规定：一次采购花费30万元以上，由领导审批。张某可以化整为零，尽量每次"不上线"，由他一人说了算。到案发，张某任科长10个月，受贿达17万元人民币。

熊某，某公司加工科科长，主管钢结构对外发包业务。"身居要职"的熊某利用职务之便先后收受数家加工单位人民币共6.6万元。

朱某，某公司金属结构厂厂长，在购买设备上做手脚，捞取不义之财6.4万元。

徐某，某公司副经理，主管公司所有工程项目的施工。在麻将桌上，他将承包方的5万元借款变成了礼金。

案例分析：

国有企业对外业务发包职务犯罪近几年有以下特征。

其一，行贿目标明确，都是有发包合同签订权的人员。

其二，承包商越是个体户或者挂靠一个工程队的集体企业，行贿金额越多，一般达预计取得利润的30%~50%。

其三，行贿手法不断翻新，花样很多。

其四，所有商业贿赂发生的单位，都是内部控制失灵，招标过程不透明，没有内部牵制，不相容职务未分离，缺乏监督机制。

六、实训练习

根据实验一所设立的公司，设置与其经营范围、特点及规模相适应的组织机构。

实训要求：

1）为财务部设置具体岗位，画出财务部的岗位组织结构图。

2）对不同财务岗位进行相应的职责分工和任务安排。

实验三　普通股筹资模拟实验

一、实验目的

通过本实验，学生能够巩固所学股票的基本理论知识，掌握《公司法》《中华人民共和国证券法》（以下简称《证券法》）等法律法规对股票发行的规定；掌握股票发行的定价、股票发行程序等股票筹资实务；提高对股票筹资的决策分析能力。

二、实验流程

三、实验时间

本实验 7 学时，每学时 50 分钟。可以根据实验需要、专业特点等进行适当调整。实验内容及学时安排如表 3.1 所示。

表 3.1　实验内容及学时按排

实验内容	了解相关法规	申请及受理	发行股票	股票上市
学时安排	2 学时	2 学时	2 学时	1 学时

四、实验内容与步骤

发行股票对企业来说是一条相对艰难的融资途径，但一旦成功，融资额巨大。因此，企业发行股票首先必须了解我国股票发行的相关法规规定。股票发行和上市必须经过严格的程序，主要包括上市辅导、申请准备、注册与发行和上市等环节。

（一）了解相关法规

企业在进行股票筹资之前，应了解《证券法》、《公司法》、《关于修改〈首次公开发行股票并上市管理办法〉的决定》（证监会令第 196 号）及《上市公司证券发行管理办法》（2020 年修订）。

1. 股票发行的基本要求

1）公开发行证券，必须符合法律、行政法规规定的条件，并依法报经国务院证券监督管理机构或者国务院授权的部门注册。未经依法注册，任何单位和个人不得公开发行证券。

有下列情形之一的，为公开发行：①向不特定对象发行证券；②向特定对象发行证券累计超过 200 人，但依法实施员工持股计划的员工人数不计算在内；③法律、行政法规规定的其他发行行为。非公开发行证券，不得采用广告、公开劝诱和变相公开方式。

2）发行人申请公开发行股票、可转换为股票的公司债券，依法采取承销方式的，或者公开发行法律、行政法规规定实行保荐制度的其他证券的，应当聘请证券公司担任保荐人。保荐人应当遵守业务规则和行业规范，诚实守信，勤勉尽责，对发行人的申请文件和信息披露资料进行审慎核查，督导发行人规范运作。

3）公司对公开发行股票所募集资金，必须按照招股说明书或者其他公开发行募集文件所列资金用途使用；改变资金用途，必须经股东大会作出决议。擅自改变用途，未作纠正的，或者未经股东大会认可的，不得公开发行新股。

4）在证券公开发行前公告公开发行募集文件，并将该文件置备于指定场所供公众查阅。发行证券的信息依法公开前，任何知情人不得公开或者泄露该信息。

5）发行人向不特定对象发行的证券，法律、行政法规规定应当由证券公司承销的，发行人应当同证券公司签订承销协议。证券承销业务采取代销或者包销方式。向不特定对象公开发行的证券票面总值超过人民币 5000 万元的，应当由承销团承销。

证券的代销、包销期限最长不得超过 90 日。股票发行采用代销方式，代销期限届满，向投资者出售的股票数量未达到拟公开发行股票数量 70%的，为发行失败。发行人应当按照发行价并加算银行同期存款利息返还股票认购人。

6）股票发行采取溢价发行的，其发行价格由发行人与承销的证券公司协商确定。

2. 股票发行的条件

《证券法》按照全面推行注册制的基本定位，对证券发行制度进行系统修改，证券发行审查制度从实质审查转向形式审查，以信息披露为核心，精简优化证券发行条件。

（1）募集设立股份有限公司发行股票的条件

股份有限公司的设立，可以采取发起设立或者募集设立的方式。发起设立，是指由发起人认购公司应发行的全部股份而设立公司。募集设立，是指由发起人认购公司应发行股份的一部分，其余股份向社会公开募集或者向特定对象募集而设立公司。

设立股份有限公司公开发行股票，应当符合《公司法》规定的条件和经国务院批准的国务院证券监督管理机构规定的其他条件，向国务院证券监督管理机构报送募股申请和下列文件：公司章程；发起人协议；发起人姓名或者名称，发起人认购的股份数、出资种类及验资证明；招股说明书；代收股款银行的名称及地址；承销机构名称及有关的协议。

募集设立股份有限公司发行股票应当符合《公司法》《证券法》规定的条件，具体如下。

1）其生产经营符合国家产业政策。

2）其发行的普通股限于一种，以保证同股同权。

3）发起人应有2~200人，其中须有过半数人在中国境内有住所。

4）发起人认购的股本数额不少于公司拟发行股本总额的35%。

（2）股份公司首次公开发行新股的条件

1）具备健全且运行良好的组织机构。应符合下列规定：①公司章程合法有效，股东大会、董事会、监事会和独立董事制度健全，能够依法有效履行职责；②公司内部控制制度健全，能够有效保证公司运行的效率、合法合规性和财务报告的可靠性，内部控制制度的完整性、合理性、有效性不存在重大缺陷；③现任董事、监事和高级管理人员具备任职资格，能够忠实和勤勉地履行职务，不存在违反《公司法》第一百四十七条、第一百四十八条规定的行为，且最近36个月内未受到过中国证券监督管理委员会（以下简称中国证监会）的行政处罚，最近12个月内未受到过证券交易所的公开谴责；④上市公司与控股股东或实际控制人的人员、资产、财务分开，机构、业务独立，能够自主经营管理；⑤最近12个月内不存在违规对外提供担保的行为。

2）具有持续经营能力。应符合下列规定：①最近3个会计年度连续盈利，扣除非经常性损益后的净利润与扣除前的净利润相比，以低者作为计算依据；②业务和盈利来源相对稳定，不存在严重依赖控股股东、实际控制人的情形；③现有主营业务或投资方向能够可持续发展，经营模式和投资计划稳健，主要产品或服务的市场前景良好，行业经营环境和市场需求不存在现实或可预见的重大不利变化；④高级管理人员和核心技术人员稳定，最近12个月内未发生重大不利变化；⑤公司重要资产、核心技术或其他重大权益的取得合法，能够持续使用，不存在现实或可预见的重大不利变化；⑥不存在可能严重影响公司持续经营的担保、诉讼、仲裁或其他重大事项；⑦最近24个月内曾公开发行证券的，不存在发行当年营业利润比上年下降50%以上的情形。

3）最近三年财务会计报告被出具无保留意见审计报告。

4）发行人及其控股股东、实际控制人最近3年不存在贪污、贿赂、侵占财产、挪用财产或者破坏社会主义市场经济秩序的刑事犯罪。

5）经国务院批准的国务院证券监督管理机构规定的其他条件。

（3）配股条件

向原股东配售股份（简称配股）属于增资发行股票的一种，但我国对于上市公司配股有特别规定。因此，综合《公司法》《证券法》《上市公司证券发行管理办法》及有关政策，除符合公开发行的条件外，还应当符合下列规定。

1）拟配售股份数量不超过本次配售股份前股本总额的30%。

2）控股股东应当在股东大会召开前公开承诺认配股份的数量。

3）采用《证券法》规定的代销方式发行。

控股股东不履行认配股份的承诺，或者代销期限届满，原股东认购股票的数量未达到拟配售数量 70%的，发行人应当按照发行价并加算银行同期存款利息返还已经认购的股东。

配股价格一般采用网上定价发行的方式，由主承销商和发行人协商确定。

（4）增发条件

向不特定对象公开募集股份简称增发，公开增发除符合公开发行股票的条件外，还应当符合《上市公司证券发行管理办法》的规定。

1）最近 3 个会计年度加权平均净资产收益率平均不低于 6%。扣除非经常性损益后的净利润与扣除前的净利润相比，以低者作为加权平均净资产收益率的计算依据。

2）除金融类企业外，最近一期末不存在持有金额较大的交易性金融资产和可供出售的金融资产、借予他人款项、委托理财等财务性投资的情形。

3）发行价格应不低于公告招股意向书前 20 个交易日公司股票均价或前一个交易日的均价。

3．股票上市的基本条件

申请证券上市交易，应当符合证券交易所上市规则规定的上市条件。应当经证券交易所同意，并在上市前与其签订上市协议，明确双方的权利、义务和有关事项。

（1）主板 IPO[①]上市的条件

发行人首次公开发行股票后申请其股票上市，应当符合下列基本条件。

1）股票经中国证监会核准已公开发行。

2）具备健全且运行良好的组织机构。

3）具有持续经营能力。

4）公司股本总额不少于人民币 5 000 万元。

5）公开发行的股份达到公司股份总数的 25%以上；公司股本总额超过人民币 4 亿元的，公开发行股份的比例为 10%以上。

6）公司及其控股股东、实际控制人最近 3 年不存在贪污、贿赂、侵占财产、挪用财产或者破坏社会主义市场经济秩序的刑事犯罪。

7）最近 3 个会计年度财务会计报告均被出具无保留意见审计报告。

另外，根据《首次公开发行股票并上市管理办法》，首次公开发行股票并上市，发行人应满足下列要求。

1）主体资格。发行人应当是依法设立且合法存续的股份有限公司，持续经营时间应当在 3 年以上，但经国务院批准的除外。发行人最近 3 年内主营业务和董事、高级管理人员没有发生重大变化，实际控制人没有发生变更。发行人的股权清晰，控股股东和受控股股东、实际控制人支配的股东持有的发行人股份不存在重大权属纠纷。

2）独立性。发行人应当具有完整的业务体系和直接面向市场独立经营的能力。主要

---

① initial public offering，首次公开募股。

是为了确保上市公司与其控股公司在资产、人员、财务、机构、业务等方面保持独立，以保护中小股东的利益。发行人完整披露关联方关系并按重要性原则恰当披露关联交易。不存在涉及主要资产、核心技术、商标等的重大权属纠纷，重大偿债风险，重大担保、诉讼、仲裁等或有事项，经营环境已经或者将要发生重大变化等对持续经营有重大不利影响的事项。

3）公司治理。发行人已依法建立健全股东大会、董事会、监事会、独立董事、董事会秘书制度，相关机构和人员能够依法履行职责。董事、监事和高级管理人员已了解与股票发行上市有关的法律法规，知悉上市公司及其自己的法定义务和责任，且具有合法的任职资格。内部控制制度健全且被有效执行，能够合理保证财务报告的可靠性、生产经营的合法性、营运的效率与效果。公司章程中已明确对外担保的审批权限和审议程序，不存在为控股股东、实际控制人及其控制的其他企业进行违规担保的情形。有严格的资金管理制度，不得有资金被控股股东、实际控制人及其控制的其他企业以借款、代偿债务、代垫款项或者其他方式占用的情形。

4）相关主体合规性。发行人及董事、监事、高级管理人员最近36个月内无重大违法违规行为，或严重损害投资者合法权益和社会公共利益的其他情形，或者最近12个月内没有受到证券交易所公开谴责。发行人生产经营符合法律、行政法规的规定，符合国家产业政策。

5）财务指标。这是对发行人财务规范、资产质量、盈利水平等方面所做出的规定。发行人具体应当符合下列条件：①最近3个会计年度净利润均为正数且累计超过人民币3 000万元，净利润以扣除非经常性损益前后较低者为计算依据；②最近3个会计年度经营活动产生的现金流量净额累计超过人民币5 000万元，或者最近3个会计年度营业收入累计超过人民币3亿元；③发行前股本总额不少于人民币3 000万元；④最近一期末无形资产（扣除土地使用权、水面养殖权和采矿权等后）占净资产的比例不高于20%；⑤最近一期末不存在未弥补亏损。

同时，内部控制在所有重大方面有效，会计基础工作规范，财务会计报告无虚假记载。不存在影响发行人持续盈利能力的情形。

6）股本及发行比例。发行后总股本不多于4亿股，公开发行比例须不少于25%；发行后总股本多于4亿股，公开发行比例须不少于10%。若公司存在H股流通股，则公开发行比例以H股、A股流通股合计值为计算依据。

（2）创业板IPO上市的基本条件

创业板作为多层次资本市场体系的重要组成部分，主要目的是促进自主创新企业及其他成长型创业企业的发展，是落实自主创新国家战略及支持处于成长期的创业企业的重要平台。具体来说，创业板公司应是具备一定的盈利基础，拥有一定的资产规模，且存续一定期限，具有较高的成长性的企业。根据《创业板首次公开发行股票注册管理办法（试行）》、《关于发布〈深圳证券交易所创业板股票发行上市审核规则〉的通知》（深证上〔2020〕501号），首次公开发行股票并在创业板上市主要应符合如下条件。

1）主体资格。发行人是依法设立且持续经营三年以上的股份有限公司，具备健全且运行良好的组织机构，相关机构和人员能够依法履行职责。有限责任公司按原账面净资产值折股整体变更为股份有限公司的，持续经营时间可以从有限责任公司成立之日起计算。

2）独立性。发行人业务完整，具有直接面向市场独立持续经营的能力。

① 资产完整，业务及人员、财务、机构独立，与控股股东、实际控制人及其控制的其他企业间不存在对发行人构成重大不利影响的同业竞争，不存在严重影响独立性或者显失公平的关联交易。

② 主营业务、控制权和管理团队稳定，最近 2 年内主营业务和董事、高级管理人员均没有发生重大不利变化；控股股东和受控股股东、实际控制人支配的股东所持发行人的股份权属清晰，最近 2 年实际控制人没有发生变更，不存在导致控制权可能变更的重大权属纠纷。

③ 不存在涉及主要资产、核心技术、商标等的重大权属纠纷，重大偿债风险，重大担保、诉讼、仲裁等或有事项，经营环境已经或者将要发生重大变化等对持续经营有重大不利影响的事项。

3）公司治理。发行人会计基础工作规范，财务报表的编制和披露符合《企业会计准则》和相关信息披露规则的规定，在所有重大方面公允地反映了发行人的财务状况、经营成果和现金流量，最近 3 年财务会计报告由注册会计师出具无保留意见的审计报告。发行人内部控制制度健全且被有效执行，能够合理保证公司运行效率、合法合规和财务报告的可靠性，并由注册会计师出具无保留结论的内部控制鉴证报告。

4）相关主体合规性。发行人生产经营符合法律、行政法规的规定，符合国家产业政策。最近 3 年内，发行人及其控股股东、实际控制人不存在贪污、贿赂、侵占财产、挪用财产或者破坏社会主义市场经济秩序的刑事犯罪，不存在欺诈发行、重大信息披露违法或者其他涉及国家安全、公共安全、生态安全、生产安全、公众健康安全等领域的重大违法行为。董事、监事和高级管理人员不存在最近 3 年内受到中国证监会行政处罚，或者因涉嫌犯罪正在被司法机关立案侦查或者涉嫌违法违规正在被中国证监会立案调查且尚未有明确结论意见等情形。

5）财务指标。发行人为境内企业且不存在表决权差异安排的，市值及财务指标应当至少符合下列标准中的一项：①最近两年净利润均为正，且累计净利润不低于 5 000 万元；②预计市值不低于 10 亿元，最近一年净利润为正且营业收入不低于 1 亿元；③预计市值不低于 50 亿元，且最近一年营业收入不低于 3 亿元。

红筹架构、存在表决权差异企业，市值及财务指标应当至少符合下列标准中的一项：①预计市值不低于 100 亿元，且最近一年净利润为正；②预计市值不低于 50 亿元，最近一年净利润为正且营业收入不低于 5 亿元。

6）股本及发行比例。发行后股本总额不少于 3 000 万元；公开发行比例须不少于 25%；发行后总股本大于 4 亿股，公开发行比例须不少于 10%。

（3）科创板 IPO 上市的条件

科创板与创业板最大的不同是板块差异化定位。创业板定位服务成长型创新创业企业，支持传统产业创新升级，而科创板主要服务符合国家战略、突破核心技术、市场认可度高的科技创新企业，重点支持新一代信息技术、高端装备、新材料、新能源、节能环保以及生物医药等高新技术产业和战略性新兴产业，推动互联网、大数据、云计算、人工智能和制造业深度融合，引领中高端消费，推动质量变革、效率变革、动力变革。

1）中国证监会的 IPO 发行与上市条件

《科创板首次公开发行股票注册管理办法（试行）》（2020 年 7 月修订）规定，发行人申请首次公开发行股票并在科创板上市，应当符合科创板定位，面向世界科技前沿、面向经济主战场、面向国家重大需求。优先支持符合国家战略，拥有关键核心技术，科技创新能力突出，主要依靠核心技术开展生产经营，具有稳定的商业模式，市场认可度高，社会形象良好，具有较强成长性的企业。

IPO 发行条件中，只有主体资格、独立性、公司治理、相关主体合规性等方面要求，与创业板前四条内容要求基本相同，只是在独立性方面时间要求比创业板少一年，即最近 2 年内主营业务和董事、高级管理人员及核心技术人员均没有发生重大不利变化。

根据《科创板上市公司证券发行注册管理办法（试行）》，上市公司向不特定对象发行股票，应当符合下列规定。

① 具备健全且运行良好的组织机构。

② 现任董事、监事和高级管理人员具备法律、行政法规规定的任职要求。

③ 具有完整的业务体系和直接面向市场独立经营的能力，不存在对持续经营有重大不利影响的情形。

④ 会计基础工作规范，内部控制制度健全且有效执行，财务报表的编制和披露符合企业会计准则和相关信息披露规则的规定，在所有重大方面公允反映了上市公司的财务状况、经营成果和现金流量，最近 3 年财务会计报告被出具无保留意见审计报告。

⑤ 除金融类企业外，最近一期末不存在金额较大的财务性投资。

2）上海证券交易所 IPO 的条件

根据《上海证券交易所科创板股票上市规则》（2020 年 12 月修订）规定，发行人申请在本所科创板上市，应当符合下列条件。

① 符合中国证监会规定的发行条件。

② 发行后股本总额不低于人民币 3 000 万元。

③ 公开发行的股份达到公司股份总数的 25%以上；公司股本总额超过人民币 4 亿元的，公开发行股份的比例为 10%以上。

④ 市值及财务指标符合本规则规定的标准。

⑤ 本所规定的其他上市条件。

其中，市值及财务指标应当至少符合下列标准中的一项。

① 预计市值不低于人民币 10 亿元，最近两年净利润均为正且累计净利润不低于人

民币 5 000 万元，或者预计市值不低于人民币 10 亿元，最近一年净利润为正且营业收入不低于人民币 1 亿元。

② 预计市值不低于人民币 15 亿元，最近一年营业收入不低于人民币 2 亿元，且最近三年累计研发投入占最近三年累计营业收入的比例不低于 15%。

③ 预计市值不低于人民币 20 亿元，最近一年营业收入不低于人民币 3 亿元，且最近三年经营活动产生的现金流量净额累计不低于人民币 1 亿元。

④ 预计市值不低于人民币 30 亿元，且最近一年营业收入不低于人民币 3 亿元。

⑤ 预计市值不低于人民币 40 亿元，主要业务或产品需经国家有关部门批准，市场空间大，目前已取得阶段性成果。医药行业企业需至少有一项核心产品获准开展二期临床试验，其他符合科创板定位的企业需具备明显的技术优势并满足相应条件。

由于科技创新是一个不断发展的过程，科创属性评价也需要在实践中不断总结经验、持续评估并动态调整。一般包括行业属性、科创属性及市值+财务属性 3 个方面，判别应根据具体时间的规定分析选择。科创属性判断详见《关于修改〈科创属性评价指引（试行）〉的决定》（中国证券监督管理委员会公告〔2021〕8 号）。

（二）上市辅导

根据 2020 年 6 月 12 日中国证监会公布的《证券发行上市保荐业务管理办法》，发行人申请从事首次公开发行股票，上市公司发行新股、可转换公司债券，公开发行存托凭证及中国证监会认定的其他情形等，依法采取承销方式的，应当聘请具有保荐业务资格的证券公司履行保荐职责。上市辅导适用于公开发行股票并上市的发行人。

发行人在申请 IPO 之前，应当聘请保荐机构进行辅导，对发行人的董事、监事和高级管理人员、持有 5%以上股份的股东和实际控制人（或者其法定代表人）进行系统的法规知识、证券市场知识培训，使其全面掌握发行上市、规范运作等方面的有关法律法规和规则，知悉信息披露和履行承诺等方面的责任和义务，树立进入证券市场的诚信意识、自律意识和法治意识，以及中国证监会规定的其他事项。

保荐机构辅导工作完成后，应当由发行人所在地的中国证监会派出机构进行辅导验收。发行人所在地在境外的，应当由发行人境内主营业地或境内证券事务机构所在地的中国证监会派出机构进行辅导验收。

（三）申请准备

企业和所聘请的中介机构，按照中国证监会的要求制作申请文件，保荐机构进行内核并负责向中国证监会尽职推荐，中国证监会收到申请文件后，在 5 个工作日内做出是否受理的决定。

（1）董事会和股东大会决议

发行人董事会应当就公司股票发行的具体方案、募集资金使用的可行性报告、前次募集资金使用的报告及其他必须明确的事项做出决议，提请股东大会批准。

股东大会就发行股票做出的决议，至少应当包括下列事项：股票发行的种类和数量，发行方式、发行对象及向原股东配售的安排，定价方式或者价格区间，募集资金用途，决议的有效期，对董事会办理股票发行具体事宜的授权等内容。

（2）申请文件准备

公司公开发行新股，应当制作募股申请和相关文件。发行申请文件主要包括公司营业执照、公司章程、股东大会决议、招股说明书或其他公开发行募集文件、财务会计报告、代收股款银行的名称及地址，依法聘请保荐人的还应当报送保荐人出具的发行保荐书。保荐机构推荐发行人证券上市，应当向证券交易所提交上市保荐书以及证券交易所要求的其他与保荐业务有关的文件，并报中国证监会备案。

（四）受理申请文件

上市公司申请公开发行证券或者非公开发行新股，应当由保荐人保荐，并向中国证监会申报。保荐人应当按照中国证监会的有关规定编制和报送发行申请文件。

证券交易所收到注册申请文件后，在5个工作日内做出是否受理的决定。未按规定要求制作申请文件的，不予受理。申请文件受理后，发行人应当将招股说明书（申报稿）、保荐书（申报稿）等在中国证监会网站预先披露。

另外，一旦中国证监会受理申请，需要将资料报送至中国证监会进行审核，接受进一步问询，问询一般需要6个月，而问询通过后做出最终是否同意注册上市的结论需20个工作日，整个过程最理想也需要7个月。

（五）审核

《证券法》按照全面推行注册制的基本定位，对证券发行制度进行系统修改，证券发行审查制度从实质审查转向形式审查，由证券交易所审核申请材料。

证券交易所主要通过向发行人提出审核问询、发行人回答问题方式开展审核工作，判断发行人是否符合发行条件、上市条件和信息披露要求。证券交易所按照规定的条件和程序，进行审核、提出意见。认为发行人符合发行条件和信息披露要求的，将审核意见、注册申请文件及相关审核资料报送中国证监会履行发行注册程序。认为发行人不符合发行条件或信息披露要求的，做出终止发行上市审核决定。

证券交易所应当自受理注册申请文件之日起2个月内出具审核意见，中国证监会应当自证券交易所受理注册申请文件之日起3个月内做出同意注册或者不予注册的决定。发行人根据中国证监会、证券交易所要求补充、修改注册申请文件的时间不计算在内。

（六）注册与发行

依据上市委员会的审核意见，中国证监会应当自证券交易所受理注册申请文件之日起3个月内做出同意注册或者不予注册的决定。予以注册生效的，出具核准公开发行的文件。自中国证监会核准发行之日起，上市公司应在12个月内发行证券；超过12个月未发行的，核准文件失效，须重新经中国证监会核准后方可发行。证券发行申请未获核准的上市公司，自中国证监会做出不予核准的决定之日起 6 个月后，可再次提出证券发行申请。

被核准发行股票的发行人应当在发行前将招股说明书摘要刊登于至少一种中国证监会指定的报刊上，同时将招股说明书全文刊登于中国证监会指定的网站上，并将招股说明书全文置备于发行人住所、拟上市证券交易所、保荐人、主承销商和其他承销机构的住所，以备公众查阅。证券公司与发行人进行路演，向投资者推介和询价，并根据询价结果协商确定发行价格。

（七）股票上市

证券发行结束后，发行人及其保荐机构、主承销商应根据本所股票上市规则、实施办法等相关规定及时准备并报送证券上市申请文件。发行人、保荐机构及主承销商应确保向本所提交上市申请材料中的证券上市数据准确完整。证券上市数据包括发行价格（或上市首日开盘参考价格）、证券上市数量、上市时间、证券代码、股本结构及其相关数据。证券上市申请文件应于证券上市日前 5 个交易日（L-5 日）的 15:30 前，按要求提交本所相关部门。

交易所上市委员会对首次公开发行股票上市事项进行审核。交易所根据上市委员会的审核意见，做出是否同意上市的决定。凡批准上市申请的，应当发出上市通知书，确定具体上市日期，审批文件报送中国证监会备案。

1）申请股票上市交易，依据股票类型和证券交易所要求的不同而有所不同。以 A 股（人民币普通股票）为例，应当向证券交易所报送下列文件：上市报告书；申请股票上市的股东大会决议；公司章程；公司营业执照；依法经会计师事务所审计的公司最近 3 年和截至上市前一个季度的财务报表，以及两个以上注册会计师及所在事务所签章的审计报告；法律意见书和上市保荐书；最近一次的招股说明书；股东名册（软盘）；上市公告书；证券交易所要求提供的其他文件。

以上海证券交易所为例，根据《关于发布〈上海证券交易所股票上市规则（2022 年1 月修订）〉的通知》（上证发〔2022〕1 号），发行人首次公开发行股票的申请获得中国证监会核准发行后，应当及时向该所提出股票上市申请，并提交下列文件：上市申请报告；中国证监会核准其股票首次公开发行的文件；有关本次发行上市事宜的董事会和股东大会决议；保荐协议和上市保荐书；企业法人营业执照；公司章程；发行人最近三年的财务会计报告及审计报告；法律意见书；发行人最近三年及一期所得税纳税申报表；经注册会计师鉴证的非经常性损益明细表；最近三年及一期原始财务报表；发行人的历次验资报告或出资证明等多个文件。

2）股票上市应公告的有关文件和信息。股票上市交易申请经证券交易所审核同意后，签订上市协议的公司应当在规定的期限内公告股票上市的有关文件，并将该文件置备于指定场所供公众查阅。上市协议中应当写明上市股票的种类、发行时间、发行股数、面值及发行价格。签订上市协议的公司除公告前条规定的文件外，还应当公告下列事项：股票获准在证券交易所交易的日期；持有公司股份最多的前 10 名股东的名单和持股数额；公司的实际控制人；董事、监事、高级管理人员的姓名及其持有本公司股票和债券的情况。

3）上市程序如图 3.1 所示。

图 3.1　股票上市程序

五、实训案例

科思科技首次公开发行 A 股股票并在科创板上市

1. 深圳市科思科技股份有限公司简介

深圳市科思科技股份有限公司（以下简称"科思科技"），其前身为深圳市科思科技有限公司，成立于 2004 年 2 月 27 日，2016 年 8 月 9 日整体变更为股份有限公司，是一家专注于从事电子信息装备的集研究、开发、制造、销售于一体的高新技术企业，拥有芯片、设备、系统等电子信息装备产品研制能力。公司股票（股票代码：688788）于 2020 年 10 月 22 日在上海证券交易所科创板上市。注册地在深圳市南山区西丽街道高新北区朗山路 7 号航空电子工程研发大厦五楼。

公司的主要产品为信息处理设备、便携式无线终端、其他信息处理终端等一系列信息化装备，应用领域涉及通信、气象探测等。在电子信息化建设中，公司参与了信息处理系统、智能通信系统等装备系统的研制。

公司坚持围绕新形势下信息化装备需求持续进行研发创新，不断提升产品质量，形成多项核心技术，多款产品和系统已形成批量生产，逐渐成长为国内领先的电子信息装备供应商。公司始终秉承"科学精神 思想创造"的理念，在电子信息领域不断进行研究和技术攻关，用高品质的产品和服务满足顾客需求。始终坚持自主创新、合作共赢的发展模式，致力于推动电子信息、人工智能等产业的发展，以服务国防和国民经济发展为己任，全面履行好政治、经济和社会责任。

1）注册资本为 56 650 674 元（本次发行前）。

2）发行前每股净资产 13.36 元（以 2019 年 12 月 31 日经审计的归属于母公司的所有者权益除以本次发行前总股本计算）。

3）经营范围：投资兴办实业（具体项目另行申报）；国内贸易；进出口业务；信息

系统设备、电子系统及其设备、电子装备系统及其设备、通信系统设备、光电系统设备、控制系统设备、计算机与服务器系统设备的设计、技术开发及销售；计算机软件系统及相关产品的设计、技术开发与销售；芯片的设计、技术开发及销售。

4）控股股东：截至本招股意向书签署日，刘建德直接持有公司 28 652 672 股，占公司总股本的 50.577 8%，系公司控股股东及公司实际控制人，担任公司董事长、总经理。除刘建德外，持有公司 5%以上股份的其他股东为梁宏建，持有公司 17 493 677 股，占公司总股本的 30.879 9%，担任公司董事、副总经理。

2. 新股发行情况

2020 年 9 月 15 日，中国证监会核发《关于同意深圳市科思科技股份有限公司首次公开发行股票注册的批复》（证监许可〔2020〕2234 号），同意深圳市科思科技股份有限公司首次公开发行股票的注册申请。

1）股票名称：科思科技。

2）股票种类：人民币普通股（A 股）。

3）发行总数：18 883 558 股。本次发行股数占发行后总股本的比例不低于 25%。

4）发行价格：106.04 元/股。

5）发行时间：申购时间 2020 年 10 月 9 日；缴款日期 2020 年 10 月 13 日。

6）发行方式：本次发行采用向战略投资者定向配售（以下简称"战略配售"）、网下向符合条件的投资者询价配售（以下简称"网下发行"）、网上向持有上海市场非限售 A 股股份和非限售存托凭证市值的社会公众投资者定价发行（以下简称"网上发行"）相结合的方式。其中，战略配售数量为 147.764 2 万股，占发行总规模的 7.83%；网下最终发行数量为 1 084.991 6 万股；网上最终发行数量为 655.60 万股。

7）公开发行对象：符合资格的询价对象、战略投资者、开立上海证券交易所科创板股票交易账户的境内自然人、法人、证券投资基金及符合法律规定的其他投资者（法律、行政法规、所适用的其他规范性文件及公司须遵守的其他监管要求所禁止者除外）。

8）申购价格：106.04 元/股。

9）承销方式：余额包销；主承销商为中天国富证券有限公司；网上发行中签率为 0.030 321 38%；本次发行的网上、网下认购缴款工作已于 2020 年 10 月 13 日（T+2 日）结束。

10）募集资金总额及注册会计师对资金到位的验证情况：本次发行募集资金总额为 2 002 412 490.32 元，立信会计师事务所（特殊普通合伙）对公司本次公开发行新股的资金到位情况进行了审验，并于 2020 年 10 月 15 日出具了立信〔2020〕验字第 ZA90584 号《验资报告》。

11）发行费用：详见表 3.2。

表 3.2　本次发行费用总额及明细构成　　　　　　　　　　　单位：万元

项目	不含增值税金额	含增值税金额
承销、保荐费用	7 344.52	7 785.20
审计、验资及评估费用	639.62	678.00
律师费用	179.25	190.00
信息披露费、发行手续费及其他费用	499.30	526.38
合计	8 662.69	9 179.58

12）本次发行募集资金净额：191 061.67 万元。

13）本次公开发行股票 1 888.355 8 万股，本次发行股数占发行后总股本的比例为 25%。发行后每股净资产为 35.38 元（以 2019 年 12 月 31 日经审计的归属于母公司所有者权益加上本次发行募集资金净额之和除以本次发行后总股本计算）。

14）本次发行后每股收益：2.855 9 元（以发行前一年度经审计的扣除非经常性损益前后孰低的归属于母公司股东的净利润除以发行后总股本计算）。

3．股票上市情况

1）本公司 A 股股票上市已经上海证券交易所自律监管决定书〔2020〕342 号批准。本公司发行的 A 股股票在上海证券交易所科创板上市，简称"科思科技"，代码"688788"；其中 1 663.135 4 万股股票于 2020 年 10 月 22 日起上市交易。

2）股票上市概况如表 3.3 所示。

表 3.3　科思科技首次公开发行股票上市情况

上市地点及上市板块	上海证券交易所科创板
上市时间	2020 年 10 月 22 日
股票简称	科思科技（股票代码：688788）
本次发行完成后的总股本	75 534 232 股
本次公开发行的股份数	18 883 558 股
本次发行人发行前股东股份的限售安排和自愿锁定承诺	本公司控股股东、实际控制人、董事、高级管理人员和核心技术人员刘建德承诺：自公司股票上市之日起 36 个月内，本人不转让或者委托他人管理本人所持有的公司股份，也不由公司回购该部分股份。 本公司持股 5%以上股东、董事、高级管理人员和核心技术人员梁宏建承诺：自公司股票在上海证券交易所上市交易之日起 12 个月内，不转让或者委托他人管理本次发行前持有的公司股份，也不由公司回购该部分股份。 上述人员均承诺：若因公司进行权益分派等导致本人持有的公司股份发生变化，仍将遵守上述承诺
本次上市的无流通限制及限售安排的股份数量	16 631 354 股
股票登记机构	中国证券登记结算有限责任公司上海分公司
保荐机构（主承销商）	中天国富证券有限公司

4. 2017～2019 年的主要财务数据及指标

发行人 2017～2019 年的主要财务数据及指标如表 3.4～表 3.7 所示。

表 3.4　发行人 2017～2019 年末期的主要财务数据和财务指标

项目	报告期		
	2019 年末期	2018 年末期	2017 年末期
资产总额/万元	116 838.28	63 769.33	20 102.38
归属于母公司所有者权益/万元	75 695.06	36 199.90	15 464.18
资产负债率（母公司）/%	34.95	42.73	20.23

表 3.5　发行人 2017～2019 年的主要财务数据和财务指标

项目	报告期		
	2019 年度	2018 年度	2017 年度
营业收入/万元	67 437.83	55 138.10	3 366.04
净利润/万元	21 646.19	20 516.36	-3 678.68
归属于母公司所有者的净利润/万元	21 796.76	20 735.72	-3 635.26
扣除非经常性损益后归属于母公司所有者的净利润/万元	21 569.52	20 507.92	-3 945.53
基本每股收益/元	3.907 0	3.789 9	-0.664 4
稀释每股收益/元	3.907 0	3.789 9	-0.664 4
加权平均净资产收益率/%	38.29	80.27	-21.04
经营活动产生的现金流量净额/万元	-24 570.58	-5 960.47	-3 470.49
研发投入占营业收入的比例/%	17.46	10.29	129.63

表 3.6　发行人 2017～2019 年的简略资产负债表　　　　　单位：元

项目	2019 年 12 月 31 日	2018 年 12 月 31 日	2017 年 12 月 31 日
资产	1 168 382 775.43	637 693 286.91	201 023 842.81
负债	410 858 067.44	271 980 517.01	40 474 648.31
股本	56 650 674.00	54 713 805.00	54 713 805.00
未分配利润	367 493 315.13	159 497 084.42	-29 833 668.03
归属母公司股东权益	756 950 630.36	361 998 976.10	154 641 800.40
少数股东权益	574 077.63	3 713 793.80	5 907 394.10
股东权益合计	757 524 707.99	365 712 769.90	160 549 194.50

表 3.7　发行人 2017～2019 年的利润表　　　　　单位：元

项目	2019 年度	2018 年度	2017 年度
一、营业收入	674 378 348.98	551 380 970.98	33 660 410.52
减：营业成本	203 253 290.23	185 792 673.61	15 138 100.66
税金及附加	768 421.42	251 972.11	72 721.73

续表

项目	2019 年度	2018 年度	2017 年度
销售费用	15 921 358.08	8 866 689.00	4 153 044.88
管理费用	41 554 164.08	28 678 498.54	12 404 325.47
研发费用	117 714 492.03	56 728 499.36	43 635 190.54
财务费用	7 859 424.16	2 250 557.10	−894 107.77
其中：利息费用	8 030 657.76	1 282 383.88	−360 394.53
利息收入	686 306.94	204 057.78	545 333.21
加：其他收益	2 756 314.35	2 546 204.25	2 958 317.20
信用减值损失	−36 821 375.72		
资产减值损失	−8 725 623.02	−33 061 177.86	−5 304 167.90
二、营业利润	244 516 514.59	238 297 107.65	−43 194 715.69
加：营业外收入	9 318.00		330 854.69
减：营业外支出	92 146.54	47 249.28	86 124.85
三、利润总额	244 433 686.05	238 249 858.37	−42 949 985.85
减：所得税费用	27 971 747.96	33 086 282.97	−6 163 222.75
四、净利润（含少数股东权益）	216 461 938.09	205 163 575.40	−36 786 763.10
持续经营利润	216 461 938.09	205 163 575.40	−36 786 763.10
归属于母公司股东的净利润	217 967 636.92	207 357 175.70	−36 352 644.80
少数股东损益	−1 505 698.83	−2 193 600.30	−434 118.30
五、综合收益总额	216 461 938.09	205 163 575.40	−36 786 763.10
归属于母公司股东的综合收益额	217 967 636.92	207 357 175.70	−36 352 644.80
归属于少数股东的综合收益总额	−1 505 698.83	−2 193 600.30	−434 118.30
六、每股收益			
（一）基本每股收益	3.907 0	3.789 9	−0.664 4
（二）稀释每股收益	3.907 0	3.789 9	−0.664 4

5. 分析思路

（1）IPO 发行并上市条件认定

申报科创板发行上市的科思科技所属行业为"计算机、通信和其他电子设备制造业"，行业代码为"C39"，属于新一代信息技术领域，是高新技术产业，符合科创板的行业定位。

1）符合首次公开发行新股的条件。

① 主体资格符合要求。该公司 2016 年 8 月 9 日整体变更为股份有限公司，截至发行股票前，属于依法设立且持续经营 3 年以上的股份有限公司，具备健全且运行良好的组织机构，相关机构和人员能够依法履行职责。具体表现在以下 3 个方面。一是公司章程合法有效，股东大会、董事会、监事会和独立董事制度健全，能够依法有效履行职责；二是公司内部控制制度健全、完整、合理，能够有效保证公司运行的效率、合法合规性和财务报告的可靠性；三是现任董事、监事和高级管理人员具备任职资格，能够忠实和

勤勉地履行职务。综合以上几个方面，科思科技组织机构健全，运行良好。

② 发行人会计基础工作规范，财务报表的编制和披露符合《企业会计准则》和相关信息披露规则的规定。由注册会计师出具的标准无保留意见的审计报告可知，该发行人在所有重大方面公允地反映了财务状况、经营成果和现金流量。发行人内部控制制度健全，能够有效保证公司运行的效率、合法合规性和财务报告的可靠性，并由注册会计师出具了无保留意见的内部控制鉴证报告。

③ 发行人业务完整，具有直接面向市场独立持续经营的能力。一是资产完整，业务及人员、财务、机构独立；二是主营业务、控制权和管理团队稳定；三是不存在涉及主要资产、核心技术、商标等的重大权属纠纷，重大偿债风险，重大担保、诉讼、仲裁等或有事项。

④ 发行人生产经营符合法律、行政法规的规定，符合国家产业政策。现任董事、监事和高级管理人员具备任职资格，能够忠实和勤勉地履行职务，不存在违法行为；发行人及其控股股东、实际控制人最近 3 年不存在违法行为。

2）符合上海证券交易所科创板上市的具体条件。

① 由 1）可知，符合中国证监会规定的发行条件；股票经国务院证券监督管理机构核准已公开发行。本次发行的网上、网下认购缴款工作已于 2020 年 10 月 13 日结束。

② 发行后股本总额为 7 553.423 2 万元，远大于人民币 3 000 万元。

③ 公开发行的股份达到公司股份总数的 25%（18 883 558/75 534 232）。

④ 市值及财务指标：符合《上海证券交易所科创板股票发行上市审核规则》中"（一）预计市值不低于人民币 10 亿元，最近两年净利润均为正且累计净利润不低于人民币 5 000 万元，或者预计市值不低于人民币 10 亿元，最近一年净利润为正且营业收入不低于人民币 1 亿元"的上市标准。

本次发行价格为 106.04 元，发行后总股本为 7 553.423 2 万股，发行完成后市值约为 80.10 亿元。

根据立信会计师事务所出具的"信会师报字〔2020〕第 ZA90096 号"审计报告，发行人 2018 年度和 2019 年度的归属于母公司股东的净利润（扣除非经常性损益前后孰低数）分别为 20 507.92 万元、21 569.52 万元，合计 42 077.44 万元，最近两年归属于母公司股东的净利润均为正且每年的全额都远大于人民币 5 000 万元。

2019 年度经审计的营业收入为 67 437.83 万元，扣除非经常性损益后归属于母公司股东的净利润为 21 569.52 万元，发行人最近一年净利润为正且营业收入不低于人民币 1 亿元。

3）从科创属性来看，满足《科创属性评价指引（试行）》的第一条。本公司同时符合下列 3 项指标。

① 最近 3 年累计研发投入占最近 3 年累计营业收入比例 17.32%，远高于 5%，或者最近 3 年研发投入金额累计在 218 078 181.93 万元，远大于 6 000 万元；其中，软件企业最近 3 年累计研发投入占最近 3 年累计营业收入比例 10% 以上。

② 形成主营业务收入的发明专利 5 项以上；截至 2019 年 12 月 31 日，本公司累计已获授权专利 23 项，其中实用新型专利 21 项、外观设计专利 2 项，登记了 6 项软件著作权，符合要求。

③ 最近 3 年营业收入复合增长率达到 20%，或者最近一年营业收入金额达到 3 亿元。本公司 2019 年度经审计的营业收入为 6.743 783 亿元，符合要求。

综合上述分析，科思科技首次公开发行股票并上市符合科创板条件。

（2）发行股票的具体程序

本次科思科技发行股票属于增资发行，其发行的具体程序总结如表 3.8 所示。由此可以看出增资发行与设立发行股票的程序的不同。

表 3.8　设立发行股票与增资发行股票的程序比较

设立发行	增资发行
发起人认足股份，交付出资	股东大会（董事会）做出发行新股决议
提出募集股份申请	提出发行新股的申请
中国证监会核准发行	中国证监会核准发行
公告招股说明书，制作认股书	公告招股说明书，制作认股书
招认股份，缴纳股款	招认股份，缴纳股款，交割股票
召开创立大会，选举董事会、监事会	改选董事、监事
办理公司设立登记，交割股票	办理变更登记

（3）股票发行价格决策

股份有限公司首次公开发行股票，既可以通过向网下投资者询价的方式确定股票发行价格，又可以通过发行人与主承销商自主协商直接定价等合法可行的方式确定发行价格。首次公开发行股票时，股票的发行价格基本是采用市盈率法确定的；而股份有限公司增资发行股票时，股票的发行价格是采用市价折扣法确定的。

科思科技本次股票发行采用溢价发行，按发行市盈率 37.13 倍确定股票发行价格。根据科思科技上市公告书中本次发行全面摊薄后每股收益 2.855 9 元（以发行前一年度经审计的扣除非经常性损益前后孰低的归属于母公司股东的净利润除以发行后总股本计算）为基础确定发行的股票价格为

$$每股发行价 = 2.855\ 9 \times 37.13 = 106.04（元）$$

本次发行的询价，由发行人和保荐机构（主承销商）通过网下初步询价直接确定发行价格，网上不再进行累计投标询价。本次发行的初步询价时间为 2020 年 9 月 28 日（T-3 日）的 9:30～15:00。上述时间内，符合条件的网下投资者可通过申购平台填写、提交拟申购价格和拟申购数量。

本次网下询价结束后，发行人和保荐机构（主承销商）根据询价情况，并参考发行人基本面（每股净利润、利润增长的速度及发展前景）、可比公司估值水平和市场供求等，最终协商确定本次发行价格和最终发行数量。

（4）发行普通股的资金成本预测

资金成本计算公式为

$$K = \frac{D_1}{P(1-f)} + g$$

式中：D_1——第一年预期股利；

　　　P——普通股筹资额；

　　　f——普通股筹资费率；

　　　g——每年股利增长率。

根据资料可知，2019 年末净利润为 216 461 938.09 元。

1）根据巨潮资讯网的数据资料，当年所属行业分配现金股利的公司约为 2%。又依据科思科技上市招股说明书所述，2019 年与该发行人可比公司中，当年分配现金股利的公司，低股利支付水平为 9.32%，高股利支付水平为 27%，平均股利支付水平约为 19%。

2）按照低水平：

应分配股利=216 461 938.09×9.32%=20 174 252.63（万元）

每股股利=20 174 252.63/7 553.423 2=0.27（元）

按照平均水平：

应分配股利=216 461 938.09×19%=41 127 768.24（万元）

每股股利=41 127 768.24/7 553.423 2=0.55（元）

3）g 是每年股利增长率，鉴于该公司刚上市，以前年度未发放股利的情况，按照本公司 2019 年净利润同比增速 5.51%估计。

又知本公司的发行费用为 9 179.58 万元（含增值税），则每股发行费用为 0.000 121 5 元，测算本次发行股票的资金成本为 5.76%～6.03%。

> **知识链接**

普通股筹资的优缺点分析

1. 普通股筹资的优点

1）没有固定的股利负担。公司可以根据经营情况及发展战略自主决定少支付或不支付股利。与债券、借款相比，对公司来说有更大的周旋余地。

2）是公司永久性资本。利用普通股筹集的资金，是公司最稳定的资本来源，在公司存续期内可以自行安排使用，除非公司破产清算才予以偿还。采用这种方式筹资，可以保证公司最低的资本需求，以便公司具有持续经营的基础。

3）风险较小。一方面，普通股没有固定的到期日，不用偿还，也没有固定的利息负担，公司面临的财务风险较小。另一方面，增发普通股可以使企业股东增加，将资产亏损风险和经营风险分担给更多的股东，从而分散经营风险。

4）容易吸收社会资本。一方面，因为普通股的预期收益比优先股和债券高，也比债券容易及时卖出，并可在一定程度上抵消通货膨胀的影响，所以受到一些投资者的欢迎。另一方面，向社会公众发行股票时，能够在短期内聚集巨额资本。

5）能增加公司的信誉。普通股构成支付公司债务的基础，发行较多的普通股，意味着公司对债权人提供了较大程度的保护，能有效地增强公司借款能力与贷款信用。

6）筹资限制较少。利用优先股或债券筹资，通常有许多限制，这些限制往往会影响公司经营的灵活性。普通股筹资则无此限制。

2. 普通股筹资的缺点

1）资金成本较高。一般普通股资金成本大于债务资金成本。原因在于：一是投资人投资普通股所冒的风险大，如果公司亏损，则不能及时还债甚至破产，因此要求的投资回报也就高；二是无抵税作用，股利从税后利润中支付；三是筹资费用高，如投资银行顾问费用、包销银行费用等。据西方各国经验数据，发行证券费用率最高的是普通股，其次是优先股，最低是公司债券。

2）容易分散控制权。一方面，普通股的增发往往会使公司原有股东的参与权掺水。因为增发新股意味着增加新股东，加剧了股权分散化，从而降低公司的控制权，新股东会获得原有股东拥有的投票权和支配权。另一方面，新股东对公司已累积的盈余拥有分享权，稀释普通股每股收益，从而可能引起普通股市价的下跌。

股票上市的意义

公开发行股票上市可以为企业提供发展所需要的资金，为公司的持续发展获得长期稳定的融资渠道，并借此形成良性的资金循环。上市可以规范公司原来不规范的运作和管理，完善公司的治理结构，为企业长远健康发展奠定制度基础。

1）改善财务状况，增加资本运作的手段。公开发行股票上市可以提高自有资金比率，快速调整公司的财务结构；改善公司财务状况，解决公司因业务调整或转型出现的资金短缺问题。同时，上市后，公司除发行股票外，还可以发行公司债券、可转换债券及可分离债券等，融资方式大为增加。对于那些希望通过并购获得成长的公司来说，可以将上市股份作为支付手段进行并购，从而拓宽公司并购的手段。

2）降低后续融资成本。公司的净资产通过公开上市而大大增加，负债率降低，公司的财务风险大大减弱，能使其从传统的金融机构、企业甚至广大公众手中获得低成本的资金。如果公司的股票在二级市场表现良好，则公司在第二次融资中可以获得更多的溢价（只需出让更少的股权便可以取得与首次公开发行时一样多的资金），提高筹资效率。

3）有利于改善公司形象。上市公司都会公开披露股票价格、经营和财务状况的信息，可以扩大其知名度，提高其市场地位和影响力，从而增强其市场竞争力。特别是对经营与财务状况好、管理有优势的公司而言，上市后会引起众多投资者的关注，增加公司的潜在客户、供应商或者其他业务伙伴。

4）可以改善经营状况，获得经营的安全性。上市融资，可以帮助企业在市场情况不景气或出现突发情况时，及时进行业务调整或转型而不至于出现经营困难。从产业竞争角度讲，一方面上市可以支持企业更高速地成长以取得在同行业领先的时机。另一方面，如果同行业竞争者均已上市，企业同样需要充足的资本与竞争对手对抗，以获得经营的安全性。

5）使公司创始人财富增值。公司的创始人从公开上市中获得的利益是最多的，与公司的净资产相比，初始投资的回报率是相当惊人的，创始人可获得巨额的收益。

6）可以激励公司员工。公司上市为股票期权、限制性股票等员工股权激励计划提供了良好的基础，股权激励计划的实施为员工带来财富，从而使其幸福生活。如果员工在公司上市前已经拥有公司的股票，其财富将获得大幅增长。

六、实训练习

浙江省新能源投资集团股份有限公司发行股票

2019 年 5 月 21 日，水电集团召开 2019 年第二次临时股东会，审议通过了《关于有限公司变更为股份有限公司折股方案的议案》，由水电集团原有股东作为发起人，以水电集团经审计后的净资产折合股份 187 200 万股，每股面值 1.00 元，经审计的净资产超过注册资本部分计入资本公积。2019 年 6 月 18 日，公司整体变更设立股份有限公司即浙江省新能源投资集团有限公司（以下简称"浙江新能"），注册资本 187 200 万元。2019 年 6 月 26 日，发行人会计师出具了《验资报告》（致同验字（2019）第 330ZC0096 号）。

浙江新能的主营业务为水力发电、光伏发电、风力发电等可再生能源项目的投资、开发、建设和运营管理。截至 2020 年 12 月 31 日，浙江新能已投产电站控股装机容量为 268.605 万千瓦，其中水力发电 79.42 万千瓦、光伏发电 157.355 万千瓦、风力发电 31.83 万千瓦。浙江新能拥有已核准的在建/筹建电站控股装机容量(未并网发电装机容量)61.52 万千瓦。浙江新能始终秉承激水、追风、逐光的产业发展观，以改善能源结构、实现绿色可持续发展为己任，以可再生能源的投资开发、建设营运为核心定位，积极发展可再生能源，近年来通过收购与新建并重、海上与陆上并重、省内与省外并重的策略，优化产业结构，快速提升装机规模。

1. 本次发行概况

浙江新能发行股票的概况如表 3.9 所示。

表 3.9　浙江新能发行股票的概况

股票种类	人民币普通股（A 股）
每股面值	人民币 1.00 元
发行股数	发行 20 800 万股，占发行后公司股份总数的 10%，本次发行不安排股东公开发售股份
发行价格	3.51 元/股
发行市盈率	30.03 倍（每股收益按照 2020 年度经审计的扣除非经常性损益前后孰低归属于母公司所有者的净利润除以本次发行后总股本计算）
发行前每股净资产	3.51 元/股（按截至 2020 年末经审计归属于母公司所有者的净资产除以本次发行前总股本计算）

续表

股票种类	人民币普通股（A 股）	
发行后每股净资产	3.49 元/股（按截至 2020 年末经审计归属于母公司所有者的净资产加上本次发行募集资金净额后除以本次发行后总股本计算）	
发行前市净率	1.00 倍（按每股发行价格除以发行前每股净资产计算）	
发行后市净率	1.01 倍（按每股发行价格除以发行后每股净资产计算）	
发行方式	采用网下向询价对象配售与网上按市值申购定价发行相结合的方式	
发行对象	符合资格的询价对象和在上海证券交易所开立（A 股）股票账户的境内自然人、法人和证券投资基金等投资者（国家法律法规禁止购买者除外）	
承销方式	余额包销	
拟上市地	上海证券交易所	
预计募集资金总额	73 008.00 万元	
预计募集资金净额	69 094.95 万元	
发行费用概算	承销及保荐费用	2 528.48 万元
	审计及验资费用	610.14 万元
	律师费用	111.79 万元
	用于本次发行的信息披露费用	504.72 万元
	发行手续费及其他费用	157.92 万元
	发行费用合计	3 913.05 万元

2. 发行人有关股本的情况

浙江新能本次发行前的总股本为 187 200 万股。本次公开发行 20 800 万股，占发行后总股本的比例为 10%，公司公开发行股票前后股本结构如表 3.10 所示。

表 3.10　浙江新能公开发行股票前后的股本结构

股份类型（股东名称）	发行股票前股本结构		发行股票后股本结构		
	股份数/万股	持股比例/%	股份数/万股	持股比例/%	锁定限制及期限
一、有限售条件流通股					
浙江省能源集团有限公司	144 000.00	76.92	144 000.00	69.23	自上市之日起锁定 36 个月
浙江新能能源发展有限公司	43 200.00	23.08	43 200.00	20.77	自上市之日起锁定 36 个月
小计	187 200.00	100.00	187 200.00	90.00	
二、无限售条件流通股					
本次发行社会公众股	—	—	20 800.00	10.00	
合计	187 200.00	100.00	208 000.00	100.00	

3. 近 3 年的主要财务会计信息

（1）简要财务报表

浙江新能 2018～2020 年合并资产负债表主要数据如表 3.11 所示。

表 3.11 浙江新能 2018～2020 年合并资产负债表主要数据 单位：万元

项目	2018 年 12 月 31 日	2019 年 12 月 31 日	2020 年 12 月 31 日
资产合计	1 727 280.08	2 419 186.90	2 977 292.44
负债合计	980 584.10	1 448 535.60	1 964 816.26
股东权益合计	746 695.97	970 651.30	1 012 476.18
少数股东权益	173 915.89	342 445.45	355 894.76
归属于母公司股东权益合计	572 780.08	628 205.85	656 581.41

浙江新能 2018～2020 年合并利润主要数据如表 3.12 所示。

表 3.12 浙江新能 2018～2020 年合并利润表主要数据 单位：万元

项目	2018 年	2019 年	2020 年
营业收入	125 070.77	210 237.84	234 651.42
营业利润	20 425.08	78 794.00	60 535.36
利润总额	23 520.65	78 949.59	60 868.20
净利润	20 969.27	63 366.94	52 485.30
归属于母公司股东的净利润	15 051.50	40 750.90	28 372.03
扣除非经常性损益后归属于母公司股东的净利润	12 465.45	38 687.74	24 311.41

浙江新能 2018～2020 年合并现金流量表主要数据如表 3.13 所示。

表 3.13 浙江新能 2018～2020 年合并现金流量表主要数据 单位：万元

项目	2018 年	2019 年	2020 年
经营活动产生的现金流量净额	64 601.70	120 272.22	121 534.14
投资活动产生的现金流量净额	−151 615.05	−323 472.04	−485 798.13
筹资活动产生的现金流量净额	305 646.99	65 182.48	343 069.94
现金及现金等价物净增加额	218 633.64	−138 017.34	−21 194.05

（2）主要财务指标

浙江新能 2018～2020 年的主要财务指标如表 3.14 所示。

表 3.14 浙江新能 2018～2020 年的主要财务指标

指标	2018 年 12 月 31 日	2019 年 12 月 31 日	2020 年 12 月 31 日
流动比率/倍	2.20	1.05	0.69
速动比率/倍	2.20	1.05	0.69
资产负债率（合并）/%	56.77	59.88	65.99
资产负债率（母公司）/%	44.47	39.63	46.20
无形资产（扣除土地使用权、海域使用权）占净资产的比例/%	0.15	0.09	0.07
归属于发行人股东的每股净资产/（元/股）	7.34	3.36	3.51
应收账款周转率/（次/年）	1.97	1.13	0.80
存货周转率/（次/年）	145.49	189.82	235.57
息税折旧摊销前利润/万元	104 989.57	179 617.90	201 009.63

续表

指标	2018 年 12 月 31 日	2019 年 12 月 31 日	2020 年 12 月 31 日
利息保障倍数/倍	1.66	2.68	1.56
每股经营活动产生的现金流量净额/（元/股）	0.83	0.64	0.65
每股净现金流量/（元/股）	2.80	-0.74	-0.11

4. 募集资金运用

根据浙江新能 2019 年第三次临时股东大会决议及公司发展的实际需求，公司拟将首次公开发行股票募集的资金在扣除发行费用后用于投资浙能嘉兴 1 号海上风电场工程项目，情况如表 3.15 所示。

表 3.15　募集资金用于投资项目情况

序号	投资项目	项目投资额/万元	募集资金拟投入额/万元	实施主体
1	浙能嘉兴 1 号海上风电场工程项目	535 365.42	69 094.94	嘉兴海上风电
	合计	535 365.42	69 094.94	

本次募集资金到位前，浙江新能可根据募集资金投资项目的实际付款进度，通过利用自有资金和银行贷款等方式支付上述项目款项；募集资金到位后，可用于支付相关项目剩余款项及置换前期已支付款项。如果本次实际募集资金不能满足拟投资项目的资金需求，不足部分由公司自筹资金解决。

5. 发行费用

根据致同验字（2021）第 332C000250 号《验资报告》，本次浙江新能公开发行新股的发行费用（不含税）合计 3 913.05 万元。发行费用明细情况如表 3.16 所示。

表 3.16　发行费用明细情况　　　　　　　　　　　　　　金额：万元

项目	不含税金额	增值税	含税金额
承销及保荐费用	2 528.48	151.70	2 680.18
审计及验资费用	610.14	36.61	646.75
律师费用	111.79	6.71	118.5
用于本次发行的信息披露费用	504.72	30.28	535
发行手续费及其他费用	157.92	9.47	167.39
合计	3 913.06	120.99	4 147.82

本次浙江新能公开发行新股的每股发行费用为 0.19 元（按本次发行费用总额除以发行股数计算）。

实训要求：

1）分析判别浙江新能本次发行是否符合发行股票的条件。

2）分析浙江新能筹资规模的合理性。

3）了解浙江新能股票上市的各项费用的计费依据，判别其水平的高低。

4）预测浙江新能发行股票的资金成本。

实验四　银行借款筹资模拟实验

一、实验目的

通过本实验，学生能够巩固银行借款的基本理论知识；掌握银行借款的特点，掌握银行借款的相关法律法规；获得银行借款实务操作的基本训练，从而提高银行借款筹资的决策分析能力。

二、实验流程

三、实验时间

本实验 5 学时，每学时 50 分钟。可以根据自身实验需要、专业特点等进行适当调整。实验内容及学时安排如表 4.1 所示。

表 4.1　实验内容及学时安排

实验内容	客户申请	银行进行资格审查	银行初步审查	银行审批	发放贷款
学时安排	1 学时	1.5 学时	1 学时	1 学时	0.5 学时

四、实验内容与步骤

企业财务人员根据《贷款通则》规定，在判别自身符合相关条件的基础上，向银行提出借款申请，银行一般经过受理、调查评价、审查、审批等基本操作流程后方可发放贷款。

（一）借款人的资格和条件

《贷款通则》规定，贷款对象应是经市场监督管理机关（或主管机关）核准登记的企（事）业法人、其他经济组织、个体工商户或具有中华人民共和国国籍的具有完全民事行为能力的自然人。对企业发放贷款的原则是按计划发放、择优扶植、有物资保证、按期归还。

1. 基本条件

企业申请贷款，应具备产品有市场、生产经营有效益、不挤占挪用信贷资金、恪守信用等基本条件，并且应符合以下条件。

1）有按期还本付息的能力，原应付贷款利息和到期贷款已清偿；没有清偿的，已做了贷款人认可的偿还计划。

2）已办理工商年检手续。

3）已在银行设有账户，可供办理结算。

4）资产负债率符合贷款人的要求。

5）除国务院规定外，有限责任公司和股份有限公司对外股本权益投资累计额不超过其资产净值的50%。

6）申请中期、长期贷款的，新建项目的企业法人所有者权益与项目所需总投资的比例不得低于国家规定的投资项目资本金比例（在具体执行时，加工业高一些，商业可以低一些；盈利水平低的高一些，盈利水平高的可以低一些）。

另外，大部分银行还有以下规定。

1）不符合信用贷款条件的，应有符合规定担保条件的保证人、抵押物或质物。

2）申请中期、长期项目贷款，应有经国家有权机关批准的项目立项批文。

3）申请票据贴现，必须持有合法有效的票据等。

2. 对借款人的限制规定

《贷款通则》对借款人提出如下限制条件。

1）不得在一个贷款人同一辖区内的两个或两个以上同级分支机构取得贷款。

2）不得提供虚假的或者隐瞒重要事实的资产负债表、损益表等；不得采取欺诈手段骗取贷款。

3）不得用贷款从事股本权益性投资，国家另有规定的除外；不得用贷款在有价证券、期货等方面从事投机经营；不得用贷款从事房地产投机；不得套取贷款用于借贷牟取非法收入。

（二）借款的申请

企业欲取得贷款，必须向主办银行或其他银行的经办机构提出申请，填写《借款申请书》，同时要向银行提供以下资料。

1）借款人及保证人的基本情况，具体包括以下内容。

① 借款人营业执照、公司章程。

② 借款人（出资人）最近3年的审计报告原件及审计报告附送的资产负债表、利润表和现金流量表及其报表附注。

③ 借款人现有负债清单及信用状况。

④ 贷款担保意向或承诺，担保人营业执照、财务报表；有负债状况的，应提供抵押（质押）物的情况说明。

2）财政部门或会计（审计）事务所核准的上年度财务报告，以及申请借款前一期的财务报告。

3）原有不合理占用的贷款的纠正情况。

4）抵押物、质物清单和有处分权人的同意抵押、质押的证明及保证人拟同意保证的有关证明文件。

5）申请中期、长期贷款还必须提供以下资料：项目建议书和可行性报告；项目开工前期准备工作完成情况的报告；在开户银行存入了规定比例资金的证明；经有关单位批准下达的项目投资计划或开工通知单；按规定项目竣工投产所需自筹流动资金落实情况及证明材料。

6）贷款人认为需要提供的其他有关资料。

（三）银行对借款人的资格审查

一般来说，公司类客户的资格审查分为以下两种情况。

1. 做过客户评价并在适用期内

受理人员查阅已有的客户评价报告，重点了解目前的经营管理状况，查看有无重大的影响客户资信的事项，如重大建设项目、重大体制改革、重大法律诉讼和对外担保、重大人事调整、重大事故和赔偿等，并做出是否仍然符合该银行客户资格要求的判断。对资格无变化的客户，需了解其本次申请信贷业务的原因、品种、用途、金额、担保方式和还款来源、与该银行信贷业务往来情况。

2. 未对该客户做过评价或客户评价报告已失效

如果客户为初次申请该银行信贷业务的新客户，那么经办人员应首先检查其主体资格是否符合上述规定，验看客户的营业执照和近期财务报表，了解客户的背景、经营状况、财务状况、借款用途、担保意向等，进行资格审查。如果该客户已与该行有过信贷业务往来或客户评价报告已失效，经办人员应结合以往情况，重点了解客户目前的经营管理状况，分析有无重大的影响客户资信的事项（同上），并做出是否仍然符合该银行信贷客户要求的判断。

（四）资格审查后借款人提交的材料

对符合资格的客户，银行发放信贷业务申请书和申请材料清单。以中国建设银行为例，银行要求客户提供如下材料。

1. 客户基本资料

1）法人营业执照或营业执照（副本及影印件）。

2）法定代表人或负责人身份证明（原件及影印件）。

3）财政部门核准或会计（审计）师事务所审计的近3个年度财务报告和审计报告及

最近的报表。成立不足 3 年的企业，提交自成立以来的年度和近期报表。

4）公司章程或企业组织文件（原件及影印件）。

5）企业董事会成员和主要负责人、财务负责人名单和签字样本等。

6）信贷业务由授权委托人办理的，需提供企业法定代表人授权委托书（原件）。

7）客户为有限责任公司、股份有限公司、合资合作企业或承包经营企业，要求提供依照公司章程或组织文件规定的权限，由有权机构（人）出具的同意申请信贷业务的决议、文件或具有同等法律效力的文件或证明。借款人是合伙企业的，提出贷款申请须经全体合伙人书面同意；是合伙型联营企业的，须经联营各方书面同意；是不具有独立法人资格的中外合作经营企业的，须经合作各方书面同意。

2. 信贷业务资料

根据信贷业务品种的基本操作规定，不同类型的贷款要求客户提供的资料有所不同。

（1）申请流动资金贷款

申请流动资金贷款需提供以下资料。

1）申请一般流动资金贷款的，需提交贸易合同、协议、订单、意向书等业务材料。

2）申请用于固定资产投资项目的流动资金贷款的，应要求客户提交与该项目有关的资金来源、交易合同、协议等文件。

3）申请用于在建固定资产投资项目的流动资金贷款的，需提交以下材料：中国建设银行对该固定资产投资项目的审批文件；国家有权部门审批的开工报告（如有）或某银行认可的分年投资计划；项目各项资金来源正式的书面承诺或证明文件；截至上期为止，固定资产投资项目各项资金已到位、建设进度已按投资计划完成的证明文件；拟购设备、材料订货合同清单。

（2）申请固定资产贷款

申请固定资产贷款需提供以下资料。

1）实行审批制的项目需提供：项目建议书和可行性研究报告（原件或复印件）；项目建议书和可行性研究报告批复文件（原件和复印件）；项目初步设计和概算资料（原件或复印件）；企业自筹和其他建设资金筹措方案（原件或复印件）及其资金来源已落实的证明材料（原件和复印件）。

2）实行核准制的项目需提供：项目申请报告（原件或复印件）；核准受理通知书（原件和复印件）；城市规划、国土资源管理、环境保护部门分别出具的关于城市规划、项目用地、环境影响评价文件的明确意见和有关法律法规规定应提交的其他文件（原件和复印件）；企业自筹和其他建设资金筹措方案（原件或复印件）及其资金来源已落实的证明材料（原件和复印件）。

3）实行备案制的项目需提供：可行性研究报告（原件或复印件）和特大型集团企业已经国家有关部门批准的中长期发展建设规划（如有）；城市规划、国土资源管理、环境保护部门分别出具的关于城市规划、项目用地、环境影响评价文件的明确意见和根据有关法律法规规定应提交的其他文件（原件和复印件）；企业自筹和其他建设资金筹措方案（原件或复印件）及其资金来源已落实的证明材料（原件和复印件）。拟争取政府补助、转贷、贴息的项目，需提供符合政府相关政策的证明材料。

3. 担保材料

信贷业务担保方式包括保证、抵押和质押。以抵押方式担保为例，按照中国建设银行担保业务的相关管理应提供如下材料。

（1）抵押人资格证明材料

法人应提供经市场监督管理部门年检合格的企业法人营业执照副本、事业法人执照副本；非法人应提供经市场监督管理部门年检合格的营业执照副本、授权委托书；自然人应提供抵押人身份证明。

（2）抵押财产的产权证明资料

1）以土地使用权作抵押的，须提交县级以上土地管理部门颁发的国有土地使用证。

2）以房屋作抵押的，需提交：①以现房作抵押的，须提交房产管理部门核发的房屋所有权证、县级以上土地管理部门颁发的国有土地使用证；②以在建工程作抵押时，需提交国有土地使用权出让协议（合同）、国有土地使用证、建设项目规划许可证、开工许可证、建筑工程许可证等。

3）以机器设备抵押的，提交机器设备购置发票及其他产权证明。

4）以交通工具抵押的，提交公安、交通管理部门颁发的交通工具行驶证件。

（五）初步审查

1. 客户基本资料审查

（1）贷款申请书的审查

一是借款品种、币种、期限、金额、担保方式、借款用途要与书面申请相符。二是加盖的公章清晰，与营业执照上的企业名称一致。

（2）财务报表的审查

一是加盖的公章清晰，与营业执照上的企业名称一致。二是有财政部门的核准意见或会计（审计）师事务所的审计报告。

（3）股东会或董事会决议的审查

一是审查决议内容，包括申请信贷业务用途、期限、金额、担保方式及委托代理人等。二是审查达到公司合同章程或组织文件规定的有效签字人数。

（4）营业执照及其他有效证明的审查

营业执照及其他有效证明应经年审合格。

2. 担保材料审查

根据该银行担保业务管理的有关规定，应对客户提供的担保材料进行审查。

1）担保方式为保证的，审查保证人的主体资格，审查有无企业法人的书面授权，有无超出授权范围提供保证的企业法人的分支机构、企业法人的职能部门的情形等。

2）担保方式为抵押的，审查抵押人的主体资格与抵押财产的产权证明资料。

客户提交的申请材料经审核后，如不合格，经办人员将申请材料退还客户，并做好解释工作；如合格，经办人员将用于核对的原件退回客户，进入调查阶段。整个受理过程应在 5 个工作日内完成。

（六）调查与审批

1. 调查

（1）流动资金贷款的调查

1）一般性流动资金贷款重点调查的内容主要包括以下方面。

① 借款用途及还款来源。审查借款用途是否正常合理。要认真调查流动资金的借款用途是否与借款人的生产经营范围一致，是否真正用于生产、经营、储备或周转等环节，是否具有与借款用途或还款来源有直接关系的购销（施工）协议、合同或订单，合同或协议是否真实有效，还款来源是否可靠并足以清偿贷款本息等。

② 财务报告。银行认真审查借款人提交的财务报告（主要包括资产负债表、利润表、现金流量表及相关说明材料等）。通过对各期财务报告的比较，预测借款人财务状况的变化趋势。审查财务报表的各种勾稽关系是否合理，附注中是否解释说明了特别的事项，借款人的资产负债比例是否合理，资金周转是否正常，财务状况是否良好，财务管理是否规范，借款人是否具备举债经营及还本付息能力，借款人的流动资金是否充足等。

③ 借款人的贸易或交易背景。主要审查反映借款人贸易或交易真实性的合同（协议）、订单或意向书是否真实、有效，是否有真实的贸易或交易背景，是否属于借款人的正常经营范围。

2）固定资产投资项目的流动资金贷款重点调查的内容主要包括以下方面。

固定资产投资项目的流动资金贷款的调查内容除了上述的财务报告和借款人的贸易或交易背景外，还应重点调查以下事项。

① 贷款用途和资金来源。对于在建固定资产投资项目的流动资金贷款，应调查项目资金和项目建设进度是否与开工报告或分年投资计划一致、该流动资金贷款是否有挪用的可能、各项建设资金未来按期到位的可能性、项目是否已经或可能出现影响项目资金到位和建设进度的情况等；对于非在建固定资产项目的流动资金贷款，应调查评价还款来源是否明确可靠，审查有关合同或协议标的是否合法合规、是否已经生效或生效条件具备的可能性、履约方的履约能力和信用状况、付款方付款能力和信用状况（如有）等。

② 交易真实性。用于在建固定资产投资项目，需检查订货合同清单中所列的材料和设备是否在固定资产投资计划内，是否与项目建设进度相匹配；用于非在建固定资产投资项目，必须实地调查交易、合同或协议的真实性。

（2）固定资产贷款的调查

固定资产贷款的调查内容除了以上介绍的财务报告外，还应重点调查以下事项。

1）项目情况。根据项目建议书、可行性研究报告，重点审查项目内容、规模、总投资、预计项目收益、还款期等，判断项目是否符合规定要求。对于执行核准制的项目，还应调查项目是否被拆分以取得该核准批准文件。

2）项目资金来源情况。审查项目是否有明确、充足和合法的资金来源；项目资本金比例是否符合国家有关规定；拟申请国家补助、转贷、贴息的项目，是否符合国家相关规定。

2. 对客户进行信用评级及授信

1）对已经做过客户信用评级授信并在有效期及授信额度之内的贷款客户，如经调查未发生任何影响贷款发放的不利因素，可直接办理授信额度内的贷款业务。

2）对仅申请办理低风险业务的客户，可以不做客户信用评级。低风险业务是指：①交存 100%保证金（含凭证式国债和农村信用社认可的定期存单质押）的信贷业务；②用农村信用社认可的银行承兑汇票全额（含本息）质押的信贷业务；③符合中国人民银行和农村信用社规定的银行承兑汇票贴现、转贴现。

3）除上述两种情况外，必须对客户进行信用评级及授信。

信贷人员根据调查结果，按照银行管理的相关要求撰写客户评价报告，评定信用等级并核定综合授信额度。

3. 撰写调查评价报告

调查完毕后，填写调查评价报告，一般包括客户评价报告、业务评价报告（项目评价报告）、担保评价报告 3 部分。同时要提出贷与不贷、贷款金额、贷款期限和利率的建议。贷款调查人员应将借款申请书和贷款调查书一同送交贷款审查部门审批。

从信贷业务正式受理到调查评价结束的时间，一般控制在 45 个工作日之内。

4. 审批

由审查人员对调查人员提供的情况资料进行核实、审查、提出贷款意见后报批。大部分银行实行按确定程序分级审批制度，按规定权限报有权审批人员批准，并将审批结论及时通知借款人。

（七）借款的发放

经审批同意发放的贷款，还应采取落实贷前条件、签订合同、落实用款条件、支用与登记 4 个步骤。

1. 落实贷前条件

经审批同意发放的贷款，在签订合同前信贷人员必须与客户积极协商，落实审批文件确定的贷前条件，如开立基本结算账户，签订施工协议、购销合同，筹足自筹资金等。

2. 签订合同

落实贷前条件后，及时与借款人、担保人签订有关合同，包括与借款人签订借款合同和与担保人签订担保合同。

借款合同的签订，应遵守国家法律与政策以及当事人地位平等、等价有偿、自愿协商、诚实守信的原则。借款合同中应约定贷款种类、贷款用途、金额、利率、还款期限、还款方式、担保方式、保护性条款及违约责任等。

3. 落实用款条件

根据审批意见和与客户签订的合同条款，与客户协商落实用款条件。具体包括以下用款条件。

1）客户已按照有关法律法规规定，办妥与贷款业务有关的批准、登记、交付及其他法定手续。

2）设有担保的，担保合同或其他担保方式已生效。

3）客户没有发生双方约定的任一违约事项。

4）其他约定条件已经满足。

4. 支用与登记

合同生效后，信贷人员填写借款借据（银行贷款转存凭证），与借款人一并到会计柜台办理借款结算手续。

信贷业务发生后，银行信贷人员应及时登记信贷业务台账，及时、准确录入中国人民银行信贷登记咨询系统。

综上所述，贷款的基本操作流程包括借款人向银行提出申请，银行通过贷款受理、调查评价、审查直至审批，签订合同，发放贷款。从贷款受理到审批决定贷款与否，短期贷款答复时间不得超过1个月，中期、长期贷款答复时间不得超过6个月。

五、实训案例

A 公司银行借款筹资

A 公司是主要从事水利水电工作的中型企业，公司注册资本 6 500 万元，属于国家投资的有限责任公司。A 公司具有水利水电工程施工总承包一级资质、省公路工程施工总承包二级资质、工民建三级资质，施工力量强，具有独特的行业优势。由于资金短缺，A 公司由 B 公司担保，向深圳建设银行申请流动资金贷款 3 000 万元，期限 1 年，用于工程施工投标和工程施工。

A 公司近 5 年年均净利 700 多万元，截至 2021 年末，实现销售收入 10 185 万元，销售毛利 1 843 万元，毛利率约为 18%，净利润为 842.25 万元，盈利能力较强。

A 公司的总资产为 16 858 万元，净资产为 9 831 万元，资产负债率为 42%，资本结构较合理。A 公司的短期偿债能力较强，财务风险较低。A 公司的资产负债表和利润表分别如表 4.2 和表 4.3 所示。

表 4.2　A 公司 2019～2021 年资产负债表　　　　　　　单位：万元

项目	2021 年 12 月 31 日	2020 年 12 月 31 日	2019 年 12 月 31 日
资产			
货币资金	4 815	4 620	4 493
交易性金融资产			
应收票据	2 271	1 972	2 015
应收账款	2 936	3 012	2 370
其他应收款	200	208	775
存货	2 322	2 575	2 189
流动资产合计	12 544	12 387	11 842
长期股权投资	112	12	104
固定资产	4 202	4 318	4 158
非流动资产合计	4 314	4 330	4 262
资产总计	16 858	16 717	16 104
负债			
短期借款			
应付票据	201	314	330
应付账款	1 420	1 150	1 220
预收款项	2 088	3 200	2 460
应交税费	−12	25	37
其他应付款	2 030	1 500	1 565
流动负债合计	5 727	6 189	5 612
长期借款	1 300	1 300	1 379
负债合计	7 027	7 489	6 991
所有者权益			
股本	6 500	6 500	6 500
资本公积	2 258	1 858	1 659
未分配利润	1 073	870	954
所有者权益合计	9 831	9 228	9 113
负债及所有者权益总计	16 858	16 717	16 104

表 4.3　A 公司 2019～2021 年利润表　　　　　　　单位：万元

项目	2021 年	2020 年	2019 年
一、营业总收入	10 185	12 150	9 340
减：营业成本	8 342	10 120	7 552
税金及附加	306	364.5	361
销售费用	325	400	415
管理费用	102	212	226
财务费用	−25	30	50
加：投资收益			
公允价值变动收益			
资产减值损失			

项目	2021 年	2020 年	2019 年
二、营业利润	1 135	1 023.5	736
加：营业外收入			38
减：营业外支出	12	18	
三、利润总额	1 123	1 005.5	774
减：所得税费用	280.75	251.375	193.5
四、净利润	842.25	754.725	582

1. A 公司主体资格的考察

首先 A 公司应当符合现行法规和银行信贷管理制度的基本要求。A 公司的相关情况如下。

1）A 公司有按期还本付息的能力，原应付贷款本息已按期清偿，未清偿的已做了贷款人可以认可的还款计划。

2）A 公司已办理工商年检手续。

3）A 公司已在贷款人（银行）处开立基本账户或一般存款账户。

4）A 公司按照两年的平均资产负债计算，资产负债率为 43%，即使贷款后才达到50%，符合贷款人的要求。

5）A 公司对外的股本权益投资累计额只有其净资产的 1.14%，远低于 50%；对外投资风险极低。

2. A 公司信用状况的审查

1）审查 A 公司的法定代表人及其主要经营管理人员的基本情况和信用记录情况后，发现 A 公司从业年限十多年，经验丰富，无任何负面记录的情形。

2）审查 A 公司的银行信用状况。审查人员查询中国人民银行信贷登记咨询系统、本银行信贷综合管理系统，了解 A 公司的开户、销户、在各金融机构授信及用信情况、还本付息记录、存款及结算往来情况、对外担保、诉讼情况，以及是否签订银企合作协议及执行情况，以判断 A 公司整体银行信用状况及与本银行合作情况。

① 经查询企业征信系统发现，A 公司对外担保较少，为净资产的 10%。银行审查认为该笔业务风险较低。

② A 公司申请上报的 3 000 万元贷款与其资产结构中的应收账项等企业财务信息基本相符，企业需要大量的银行借款，表明企业财务信息与申请贷款结构相符。

③ A 公司在提交的授信申请中表明其在他行无授信额度，该行审查员通过中国人民银行征信系统核实情况属实，该笔贷款资金不存在被挪用的风险，表明申请贷款信息与征信系统中的信息相符，无他行授信额度。

3）审查 A 公司的商业信用状况。A 公司与商业合作伙伴合作状况良好，具有一定的稳定性，其履约情况良好，无商业诉讼情况；申请人按章纳税，无偷税记录。

4）审查 A 公司的经营状况。通过审查 A 公司的主要产品、生产规模、目标客户、市场占有率、经营效益和发展趋势等，分析判断 A 公司的经营状况和发展趋势良好。

3. A 公司应向银行提供的资料

（1）A 公司的基本资料

1）企业法人营业执照或营业执照（副本及影印件）、法定代表人身份证明（原件及影印件）或企业法定代表人授权委托书（原件）。

2）公司章程或企业组织文件（原件及影印件）。

3）特殊行业生产经营许可证、资质等级证书、收费许可证。

4）财政部门核准或会计（审计）师事务所审计的近 3 个年度财务报告和审计报告及最近的报表。若公司成立不足 3 年，则提交自成立以来的年度和近期报表。

5）印鉴卡、企业董事会成员和主要负责人、财务负责人名单和签字样本等。

（2）A 公司的担保资料

1）保证人同意承担连带责任、保证担保的合法有效证明文件。

2）保证人法人营业执照（或事业单位法人证书）、法定代表人身份有效证明或法定代表人授权委托书。

3）会计（审计）师事务所审计的上一年度财务报告和近期的财务报表。

4）开户许可证和年度信用等级证明。

4. 信贷审查中的财务分析

运用趋势分析法，对 A 公司 3 年或 3 年以上的财务指标进行分析，判断其财务指标的变动方向，预测申请人未来的发展趋势。审查流动比率、速动比率、资产负债率等偿债能力指标；审查总资产周转率、应收账款周转率、存货周转率等营运能力指标；审查主营业务利润率、销售净利率等盈利能力指标。根据报表数据进行财务能力分析，如表 4.4 所示。

表 4.4　财务能力分析

指标	2021 年	2020 年	2019 年	标准
流动比率	12 544/5 727=2.19	2.00	2.11	2
速动比率	10 222/5 727=1.78	1.59	1.72	1
现金比率	4 815/5 727×100%=84.07%	74.65%	80.06%	20%
资产负债率	7 027/16 858×100%=41.69%	44.80%	43.41%	50%
总资产周转率/次	10 185/16 858=0.60	0.73	0.58	
应收账款周转率/次	10 185/5 207=1.96	12 150/4 984 2.44	2.13	
存货周转率/次	8 342/2 322=3.59	3.93	3.45	
主营业务利润率	1 135/10 185×100%=11.14%	8.42%	7.88%	
销售净利率	842.25/10 185×100%=8.27%	6.21%	6.22%	
净资产收益率	842.25/9 831×100%=8.57%	8.18%	6.37%	

5. 公司申请贷款报告

A 公司申请流动资金贷款报告如图 4.1 所示。

A 公司申请流动资金贷款报告

深圳建设银行××支行：

1. 借款金额和期限

我公司以 B 公司为担保人，向深圳建设银行××支行申请流动资金贷款 3 000 万元，期限 1 年。

2. 借款用途

用于工程施工投标和工程施工。

3. 公司概况

（1）公司情况介绍

我公司位于深圳市××路××号，主要从事水利水电工程施工、水电安装、民用建筑、基础处理、金属结构制作安装等工作。公司注册资本 6 500 万元，属于国家投资的有限责任公司。

（2）公司经营业绩及财务状况

我公司具有国家水利水电工程施工总承包一级资质、省公路工程施工总承包二级资质和工民建三级资质，公司施工力量强，具有独特的行业优势。公司近 5 年年均净利 750 多万元，截至 2021 年末，公司实现销售收入 10 185 万元，销售毛利 1 843 万元，净利润为 842.25 万元，净利率 8.27%，净资产收益率 8.57%，盈利能力较强。公司总资产为 16 858 万元，净资产为 9 831 万元，资产负债率 41.69%，资本结构较合理。公司的短期偿债能力、长期偿债能力指标都高于标准且高于 2020 年，表明偿债能力均较强，财务风险较低。

（3）公司发展前景分析

随着国家不断加大对水利防洪设施的投入和对水资源的合理开发利用力度，加之能源供应紧缺的背景，公司主营业务呈现稳步增长的态势，拥有较稳定的市场份额。

（4）还款来源分析

截至 2021 年 12 月 31 日，我公司实现净利润 842.25 万元，销售净利率为 8.27%，盈利能力较强。但是考虑到市场变化难以预料，公司提请 B 公司为担保单位，该担保单位工程施工能力较强，有稳定的业务来源，现金流量充足，完全有能力代为担保。

图 4.1　A 公司申请流动资金贷款报告

6. 银行对 A 公司的综合评价及结论性意见

（1）公司概况及经营情况

A 公司施工力量较强，具有独特的行业优势，具有国家水利水电工程施工总承包一级资质、省公路工程施工总承包二级资质和工民建三级资质。经营业务受市场影响较小，经营稳定。

（2）经营成果和财务状况分析

A 公司近 5 年年均净利 750 多万元，截至 2021 年底，公司实现工程业务收入 10 185 万元，销售毛利 1 843 万元，营业利润 1 135 万元，净利润为 842.25 万元，较上年净利率有较大提升，盈利能力较强。尽管 A 公司营运能力较 2020 年有所降低，且低于标准水平，但其成本降低的幅度较大，主营业务利润率、销售净利率和净资产收益率都高于 2020 年，导致资本盈利能力总体上升。

A 公司总资产为 16 858 万元，净资产为 9 831 万元，总体规模属于中型企业，资产负债率为 42%，资本结构较合理。流动比率和速动比率分别为 2.19、1.78，现金比率为 84%，高于 2020 年，也高于标准水平，说明公司的短期偿债能力较强，财务风险低。

（3）贷款用途分析

A 公司申请银行保函授信额度人民币 3 000 万元整，用于参加工程施工投标和工程施工，其用途真实合法。工程招标单位（业主）要求参加招标的企业提供相关的银行保函，也是 A 公司申请办理的原因，一旦中标，对于 A 公司创造良好的业绩有一定的推动作用。同时，A 公司现金流量较大，和我行合作多年，信誉良好，我行为其提供银行保函授信风险可控。

（4）保证条件

担保单位为 B 公司。B 公司经营能力较强，财务状况良好，具备经济担保能力，而且其营业执照已通过年检，资质健全。

鉴于 A 公司施工力量较强，有稳定的业务来源，现金流量较大，申请银行保函授信用途真实合法，拟同意给予 A 公司银行保函授信，金额人民币 3 000 万元，期限 1 年，利率 4.50%，用于工程施工投标、工程施工，费用按一次性收取 0.1%费率标准计收。

六、实训练习

E 股份有限公司银行借款筹资

E 股份有限公司成立于 2005 年 4 月，于 2014 年 6 月整体变更为股份有限公司，于 2020 年在深圳交易所上市。公司经营范围：电子专用材料研发、制造及销售；有色金属压延加工、冶炼、铸造；新材料技术研发；软件开发、信息系统集成服务；智能控制系统集成；物联网应用及技术服务。

公司秉承为中国制造增添光荣的宗旨，自设立以来一直专注于高纯溅射靶材的研发、生产和销售，是国内该领域少数具有国际竞争力的企业。公司主要采取定制化的生产模式，实行"以销定产"，其终端用户多为世界一流芯片制造企业，各客户拥有独特的技术特点和品质要求，研发生产的产品在材料、成分、形状、尺寸、性能参数等诸多方面存在着不同，公司生产具有多品种、小批量的特点。在产品研发及设计前期，公司要投入大量精力与终端客户进行技术、品质、性能的交流，当产品通过客户评价后，生产部门在接到来自销售部门的客户订单后，即根据订单制订生产计划，实行"以销定产"的生产模式。

公司已经掌握了高纯金属及溅射靶材生产中的核心技术，形成了晶粒晶向控制、材料焊接、精密加工、产品检测、清洗包装等在内的完整业务流程，通过合理调配机器设备和生产资源自主组织生产，实行柔性化生产管理。超大规模集成电路是互联网、大数据、云计算、人工智能、交通运输、通信等产业的基础，对人民生活及国家安全具有重要战略意义。溅射靶材行业溅射靶材乃是集成电路发展的核心材料之一，属于国家重点鼓励发展的战略性新兴产业。

近年来，国家制定了一系列产业政策引导溅射靶材工业健康稳定发展，《中国制造2025》将新一代信息技术、高端装备、新材料、生物医药作为战略重点，提出加大对上述重点领域的支持力度，《中华人民共和国国民经济和社会发展第十四个五年规划和2035年远景目标纲要》首次提出研发高纯靶材等关键材料。同时，国家高技术研究发展计划（简称"863计划"）、国家科技重大专项"极大规模集成电路制造设备及成套工艺"专项基金（简称"02专项"）、中华人民共和国国家发展和改革委员会（以下简称发改委）的战略转型产业化项目都有针对性地把溅射靶材的研发及产业化列为重点项目。国家产业政策、研发专项基金的陆续发布和落实，为溅射靶材行业的快速发展营造了良好的产业环境，将有力地引导溅射靶材产业持续健康发展，公司实力将进一步增强，发展前景良好。

E股份有限公司近年的经营成果及财务状况如表4.5～表4.7所示。现公司需要向银行借款2 000万元用于扩建厂房，预计借款期限为2年，利率为5.2%。

表4.5　E股份有限公司的资产负债表　　　　　　　　　　　单位：元

项目	2020 年 12 月 31 日	2019 年 12 月 31 日
流动资产：		
货币资金	406 223 025.27	250 678 801.08
应收账款	260 585 235.86	209 004 204.24
应收款项融资	3 251 959.17	2 388 578.26
预付款项	9 378 803.23	11 380 852.34
其他应收款	8 497 031.69	3 663 419.48
存货	502 098 266.44	325 068 323.91
其他流动资产	27 878 231.28	21 712 103.30
流动资产合计	1 217 912 552.94	823 896 282.61
非流动资产：		
长期股权投资	31 436 585.30	11 163 858.09
其他权益工具投资	4 000 000.00	
其他非流动金融资产	204 415 769.23	15 172 500.00

续表

项目	2020 年 12 月 31 日	2019 年 12 月 31 日
投资性房地产	17 052 254.26	18 052 017.96
固定资产	446 481 417.04	388 571 041.19
在建工程	231 425 557.59	81 817 079.60
无形资产	105 601 537.82	34 305 420.80
商誉	3 691 273.99	
长期待摊费用	9 997 406.47	9 823 567.91
递延所得税资产	46 015 649.76	31 858 485.83
其他非流动资产	53 472 807.06	50 982 645.29
非流动资产合计	1 153 590 258.52	641 746 616.67
资产总计	2 371 502 811.46	1 465 642 899.28
流动负债：		
短期借款	737 998 444.75	450 731 776.02
应付票据		4 540 000.00
应付账款	261 592 397.84	174 143 697.92
预收款项		29 585.20
合同负债	1 568 774.09	
应付职工薪酬	25 496 820.57	16 889 839.31
应交税费	20 078 587.98	13 952 870.01
其他应付款	5 415 409.20	3 207 998.39
一年内到期的非流动负债	30 035 402.78	5 005 937.50
流动负债合计	1 082 185 837.21	668 501 704.35
非流动负债：		
长期借款	110 938 832.22	37 853 434.07
长期应付款	6 080 000.00	6 080 000.00
递延收益	61 347 189.96	58 597 950.82
递延所得税负债	20 815 587.49	4 367 398.86
非流动负债合计	199 181 609.67	106 898 783.75
负债合计	1 281 367 446.88	775 400 488.10
所有者权益：		
股本	224 408 295.00	218 760 000.00
资本公积	460 473 734.31	205 769 399.33
其他综合收益	1 159 757.55	1 834 565.45
盈余公积	47 601 444.34	31 240 578.21
未分配利润	343 466 945.99	225 021 866.64
所有者权益合计	1 090 135 364.58	690 242 411.18
负债及所有者权益总计	2 371 502 811.46	1 465 642 899.28

表 4.6　E 股份有限公司的利润表　　　　　　　　单位：元

项目	2020 年	2019 年
一、营业总收入	1 166 542 634.09	824 964 791.18
营业收入	1 166 542 634.09	824 964 791.18
二、营业总成本	1 090 321 617.32	784 479 514.86
其中：营业成本	838 798 158.42	568 724 022.50
税金及附加	7 373 678.05	4 890 555.09
销售费用	43 723 923.68	53 295 716.22
管理费用	91 159 678.67	81 880 264.72
研发费用	73 810 952.34	59 742 360.51
财务费用	35 455 226.16	15 946 595.82
其中：利息费用	21 599 471.72	22 398 186.48
利息收入	1 737 739.50	2 679 514.80
加：其他收益	12 752 318.35	33 466 947.28
投资收益（损失以"-"号填列）	272 727.21	3 129 026.94
其中：对联营企业和合营企业的投资收益	272 727.21	735 922.77
公允价值变动收益（损失以"-"号填列）	87 243 269.23	
信用减值损失（损失以"-"号填列）	-3 257 624.51	-4 307 607.19
资产减值损失（损失以"-"号填列）	-11 600 939.86	-8 361 642.51
资产处置收益（损失以"-"号填列）	34 424.41	-19 832.19
三、营业利润	161 665 191.60	64 392 168.65
加：营业外收入	3 565 952.00	850 481.56
减：营业外支出	1 218 290.05	268 596.79
四、利润总额	164 012 853.55	64 974 053.42
减：所得税费用	20 932 348.04	1 227 993.08
五、净利润	143 080 505.51	63 746 060.34

表 4.7　E 股份有限公司的主要财务指标

指标	2020 年	2019 年	2018 年
流动比率	1.13	1.23	1.16
速动比率	0.66	0.75	0.86
资产负债率/%	54.03	52.91	57.35
总资产周转率/次	0.61	0.57	0.56
应收账款周转率/次	4.97	4.86	5.22
存货周转率/次	2.03	2.04	2.41
流动资产周转率/次	1.14	0.96	0.97
毛利率/%	28.10	31.06	29.60
营业利润率/%	13.86	7.80	8.46
销售净利率	12.62	7.78	9.05
加权净资产收益率/%	17.15	9.95	9.98

续表

指标	2020 年	2019 年	2018 年
营业收入增长率/%	41.41	26.98	18.12
净利润增长率/%	29.28	9.14	−8.16
总资产增长率/%	61.81	1.49	63.99
净资产增长率/%	57.79	11.28	8.58

实训要求：

1）参照实训案例分析流程，对 E 股份有限公司银行贷款进行分析。

2）如果你是 E 股份有限公司的财务经理，请出具银行贷款申请报告。

3）站在银行角度，对 E 股份有限公司进行综合评价并做出银行是否贷款的结论性意见。

实验五　债券筹资模拟实验

一、实验目的

通过本实验，学生能够巩固债券筹资理论和基本知识；掌握《公司法》《证券法》《上市公司证券发行管理办法》等法律法规对公司债券人的发行资格、条件以及程序等方面的规定，掌握一般公司债券筹资的实务，了解可转换债券发行的基本条件，提高债券筹资的决策分析能力。

二、实验流程

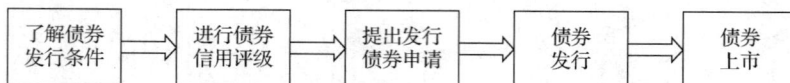

三、实验时间

本实验 7 学时，每学时 50 分钟。可以根据实验需要、专业特点等进行适当调整。实验内容及学时安排如表 5.1 所示。

表 5.1　实验内容及学时安排

实验内容	了解债券发行条件	进行债券信用评级	准备债券申请材料	债券发行与上市
学时安排	2 学时	1 学时	2 学时	2 学时

四、实验内容与步骤

（一）债券的发行条件

根据国际惯例，债券的发行条件一般包括发行企业自有资本最低限额、发行债券最高限额、企业获利能力、债券利率水平等。根据《证券法》《公司债券发行与交易管理办法》（证监会令第 180 号），公司发行债券的条件如下。

1）具备健全且运行良好的组织机构。

2）最近 3 年平均可分配利润足以支付公司债券一年的利息。可分配利润是指公司依法交纳了各种税款、弥补了亏损、提足了法定公积金后所余的利润。

3）具有合理的资产负债结构和正常的现金流量。

4）国务院规定的其他条件。

有下列情形之一的，不得再次公开发行公司债券。

1）对已公开发行的公司债券或者其他债务有违约或者延迟支付本息的事实，仍处于继续状态。

2）违反《证券法》规定，改变公开发行公司债券所募资金的用途。

（二）公司做出发行债券决议

发行公司债券，发行人应当依照《公司法》或者公司章程相关规定对以下事项做出决议：发行债券的金额，发行方式，债券期限，募集资金的用途，其他按照法律法规及公司章程规定需要明确的事项。

公司做出发行债券的决议后，应制定债券发行章程。债券发行章程应包括以下内容：发行企业的名称、地址及法人代表；发行企业的经营管理情况简介；发行企业的自有资产净值；发行债券的目的、用途；发行债券的效益预测；发行债券的总面额、票面额及发行价格；债券的票面利率、期限及还本付息的方式；债券发行的对象及地区范围；债券持有权利与义务；债券发行的起止日期；承销机构的名称、地址及承销方式；债券还本付息的资金来源及担保者；其他需要说明的事项等。

（三）进行债券信用评级

企业债券信用评级是信用评级机构对企业发行债券资金使用的合理性和按期偿还债券本息的能力及其风险程度所做的综合评价。公司公开发行债券通常需要由债券评信机构评定等级。债券的信用等级表示债券质量的优劣，反映债券还本付息能力的强弱和债券投资风险的高低，对发行者和投资者都具有重要影响。进行债券信用评级，对投资者来说，可以获得债券的风险情报，合理选择投资对象，提高投资的安全性和收益性；对于发行者来说，有利于提高发行企业的社会知名度，增加对投资者的吸引力，从而降低发行企业的筹资费用，方便其债券的发行。

目前，国际上流行的债券等级是三等九级。我国已经形成全国统一的债券信用级别标准，分为二类三等九级（AAA、AA、A、BBB、BB、B、CCC、CC、C），但尚未统一的系统评级制度。债券等级标准基本上是参照国外主要评级机构的做法并结合我国评级工作的实际情况而制定的。债券等级标准的主要内容侧重于两个方面，即债券到期时的还本付息能力和投资者购买债券的投资风险程度。

1. 企业债券评级的基本程序

（1）发行企业提出评级申请

企业或其代理机构向债券评级机构提出正式的评级申请，并为接受评级审查提供有关资料，包括企业概况、财务状况与计划、长期债务与自有资本的结构、债券发行概况等。申请评估的企业应与评估机构签订委托评级协议书。在委托协议书中明确评估的内容、时间，评估费用的计算方式和支付方式等基本内容。

（2）评估机构评定债券等级

债券评估机构接受申请后，组织由产业研究专家、财务分析专家及有关经济专家组成的评级工作小组，对有关资料进行调查、审查，并与发行企业座谈，以便深入分析，然后拟出草案提交评级委员会。评级委员会经过讨论，通过投票评定债券的等级。评定后向社会公告其债券级别。

（3）评估机构跟踪检查

债券评级机构评定发行企业的债券后，还要对发行企业从债券发售直至清偿的整个过程进行跟踪调查并定期审查，根据具体情况调整原定的债券等级，通知发行企业并予以公告。

2. 债券信用评级的内容

在债券评级时，到2021年，我国并没有准确的数量标准和计算公式来计算确定债券等级。除财务质量以定量分析为主外，其余方面仍以定性分析为主，在操作中很大程度上依赖评级人员的经验与水平，弹性较大。债券评级分析的主要内容包括经营风险、财务风险和债务契约。

债券评级机构在评定债券等级时，需要采用定性分析和定量分析相结合的方法进行分析判断。一般针对以下几个方面进行分析判断。

（1）企业发展前景

分析判断企业发展前景，主要分析判断企业规模、企业销售及盈余的稳定性、企业技术水平和产品质量、企业职工素质、企业资源的供应保证程度、企业的竞争能力等。为提高企业的信用等级，企业应该向外界充分展示企业良好的发展前景和充分的偿债能力。

（2）企业财务状况

分析评价企业财务状况，主要分析评价企业的债务状况，偿债能力，周转能力，财务弹性、稳定性和发展变化趋势等方面。企业要想在财务质量上得高分，就要合理、合法地编制对企业有利的财务报表。

（3）企业债券的约定条件

考察企业发行债券有无担保，若有担保资产，则债券等级较高；债券是否有附属条款；债券期限，即在其他条件相等的情况下，债券期限越长，风险越大，被视为评级的不利条件；债券的付息还本方式等。

我国一些评级机构在企业债券信用评级工作中，一般主要考察企业概况、企业素质、财务质量、项目状况、项目发展前景、偿债能力等方面。其中，企业概况只作参考，不计入评分。企业债券信用评级的内容及分值如表5.2所示。

表 5.2　企业债券信用评级的内容及分值

项目	考察内容	占总分比重/%
企业素质	企业领导群体素质、经营管理状况与竞争能力	10
财务质量	企业资金实力、资金信用、周转能力、经济效益	35
项目状况	项目的必要性和可行性	15
项目发展前景	项目在行业中的地位、作用和市场竞争能力、主要经济指标增长前景预测	10
偿债能力	债券到期时偿还资金来源	30

（四）提出发行债券申请

发行人公开发行公司债券，应当按照中国证监会有关规定制作注册申请文件，由发行人向证券交易所申报。

申请公开发行公司债券，应当向国务院授权的部门或者国务院证券监督管理机构报送公司营业执照、公司章程、公司债券募集办法等国务院证券监督管理机构规定的其他文件。依法聘请保荐人的，还应当报送保荐人出具的发行保荐书。

（五）报请中国证监会注册

公开发行公司债券，由证券交易所负责受理、审核，并报中国证监会注册。中国证监会依法对公司债券的发行及其交易或转让活动进行监督管理。

证券交易所收到注册申请文件后，在 5 个工作日内做出是否受理的决定。证券交易所主要通过向发行人提出审核问询、发行人回答问题方式开展审核工作，判断发行人是否符合发行条件、上市条件和信息披露要求。

证券交易所按照规定的条件和程序，进行审核、提出意见。证券交易所认为发行人符合发行条件和信息披露要求的，将审核意见、注册申请文件及相关审核资料报送中国证监会履行发行注册程序。证券交易所认为发行人不符合发行条件或信息披露要求的，做出终止发行上市审核决定。

证券交易所应当自受理注册申请文件之日起 2 个月内出具审核意见，中国证监会应当自证券交易所受理注册申请文件之日起 3 个月内做出同意注册或者不予注册的决定。发行人根据中国证监会、证券交易所要求补充、修改注册申请文件的时间不计算在内。

公开发行公司债券，可以申请一次注册，分期发行。中国证监会同意注册的决定自做出之日起 2 年内有效，发行人应当在注册决定有效期内发行公司债券，并自主选择发行时点。

（六）公告债券募集办法

发行企业债券的申请经批准后，公开向社会发行债券时，企业应当通过企业债券募集说明书向社会公告债券募集办法。根据《公司信用类债券信息披露管理办法》（中国人民银行　发改委　中国证监会公告〔2020〕第 22 号）的规定，企业应当详细披露债券的基本信息，包括但不限于：债券名称，企业全称，注册或备案文件，发行金额、期限、面值，发行价格或利率确定方式，发行方式、发行对象，承销方式，发行日期、起息日期，兑付价格、兑付方式、兑付日期，偿付顺序，信用评级机构及信用评级结果（如有），赎回条款或回售条款（如有）、可交换为股票条款（如有），担保情况（如有）。债券发行、登记托管结算及上市流通安排，包括但不限于簿记建档、招标（如有）、分销、缴款、结算等。

（七）签订承销合同

在间接发行方式下，当发行债券报请中国证监会注册后，发行企业要与证券承销机构正式签订承销合同。在承销合同中应载明以下主要事项：当事人双方的名称、地址及法人代表；承销债券的名称、总面额及发行价格；承销方式；债券发行及承销的起止日期；承销付款的日期及方式；承销商收取的费用额及支付日期与支付方式；未售出债券的处理方法；违约责任；其他需要约定的事项等。

（八）发售债券

承销机构按照合同规定，在发行期内向投资者发售债券。投资者直接向承销机构付款购买，承销机构代为收取债券款，交付债券。

企业债券应在置备的企业债券存根簿中登记有关事项。对于记名企业债券，应在存根簿上载明以下事项：债券持有人的姓名或名称及地址；债券持有人取得债券的日期及债券编号；债券总额、债券的票面金额、债券的利率及还本付息的期限和方式；债券的发行日期等。对于无记名企业债券，应在存根簿上载明债券总额、利率、偿还期限和方式、发行日期、债券的编号等。

到债券发售期截止日，扣除承销机构应得的手续费后，发行企业向承销机构收缴债券款项，债券发行即告结束。

（九）债券上市

申请证券上市交易，应当符合证券交易所上市规则规定的上市条件。证券交易所上市规则规定的上市条件，应当对发行人的经营年限、财务状况、最低公开发行比例和公司治理、诚信记录等提出要求。

申请公司债券交易，应当报送下列资料：①上市报告书；②申请公司债券上市的董事会决议；③公司章程；④公司营业执照；⑤公司债券募集办法；⑥公司债券的实际发行数额；⑦证券交易所上市规则规定的其他文件。申请可转换为股票的公司债券上市交易，还应当报送保荐人出具的上市保荐书。

公司债券上市交易申请经证券交易所审核同意后，签订上市协议的公司应当在规定的期限内公告公司债券上市文件及有关文件，并将其申请文件置备于指定场所供公众查阅。

公司债券上市交易后，公司有下列情形之一的，由证券交易所决定暂停其公司债券上市交易。

1）公司有重大违法行为。

2）公司情况发生重大变化不符合公司债券上市条件。

3）公司债券所募集资金不按照核准的用途使用。

4）未按照公司债券募集办法履行义务。

5）公司最近两年连续亏损。

有公司有重大违法行为或未按照公司债券募集办法履行义务情形之一，经查实后果严重的，或者有公司情况发生重大变化不符合公司债券上市条件或公司债券所募集资金不按照核准的用途使用或公司最近两年连续亏损情形之一，在限期内未能消除的，由证券交易所决定终止其公司债券上市交易。公司解散或者被宣告破产的，由证券交易所终止其公司债券上市交易。

（十）上市公司发行可转换公司债券

根据《上市公司证券发行管理办法》，可转换公司债券的期限最短为一年，最长为6年。可转换公司债券每张面值 100 元，其利率由发行公司与主承销商协商确定，但必须符合国家的有关规定。上市公司发行可转换公司债券，除应满足证券公开发行的一般条件外，还应满足特殊条件。

1. 公开发行的一般条件

1）上市公司的组织机构健全、运行良好。

2）上市公司的盈利能力具有可持续性。

3）上市公司的财务状况良好。

4）上市公司最近 36 个月内财务会计文件无虚假记载，且不存在下列重大违法行为：①违反证券法律、行政法规或规章，受到中国证监会的行政处罚，或者受到刑事处罚；②违反工商、税收、土地、环保、海关法律、行政法规或规章，受到行政处罚且情节严重，或者受到刑事处罚；③违反国家其他法律、行政法规且情节严重的行为。

5）上市公司募集资金的数额和使用应当符合以下规定：①募集资金数额不超过项目需要量；②募集资金用途符合国家产业政策和有关环境保护、土地管理等法律和行政法规的规定；③除金融类企业外，本次募集资金使用项目不得为持有交易性金融资产和可供出售的金融资产、借予他人、委托理财等财务性投资，不得直接或间接投资于以买卖有价证券为主要业务的公司；④投资项目实施后，不会与控股股东或实际控制人产生同业竞争或影响公司生产经营的独立性；⑤建立募集资金专项存储制度，募集资金必须存放于公司董事会决定的专项账户。

2. 特殊条件

1）最近 3 个会计年度加权平均净资产收益率平均不低于 6%。扣除非经常性损益后的净利润与扣除前的净利润相比，以低者作为加权平均净资产收益率的计算依据。

2）本次发行后累计公司债券余额不超过最近一期末净资产额的 40%。

3）最近 3 个会计年度实现的年均可分配利润不少于公司债券一年的利息。

3. 不予核准的情形

有下列情形之一的，证监会不予核准可转债发行申请。

1）近 3 年内存在重大违法行为。

2）最近一次募集资金被擅自改变用途而未按规定加以纠正的。

3）信息披露存在虚假记载、误导性陈述或重大遗漏。

4）公司运作不规范并产生严重后果的。

5）成长性差，存在重大风险隐患的。

6）证券会认定的其他严重损害投资者利益的情形。

五、实训案例

万科企业股份有限公司 2021 年公司债券（第三期）发行基本情况

万科企业股份有限公司（以下简称"万科"）成立于 1984 年，经过 30 多年的发展，已成为国内领先的城乡建设与生活服务商。万科的业务聚焦全国经济最具活力的三大经济圈及中西部重点城市。2016 年万科首次跻身《财富》"世界 500 强"，2020 年位列榜单第 208。万科为我国房地产行业的巨头，过硬研究院与 GYbrand 联合发布的 2020 年度《中国最具价值品牌 500 强》排行榜显示，万科以 1 299.63 亿元的品牌价值排名第 37 位，同时荣获中国房地产 100 强第 3 名。万科的经营范围为兴办实业、国内商业、物资供销业、进出口业务、房地产开发。目前，万科所搭建的生态体系已初具规模：在住房领域，万科始终坚持住房的居住属性，坚持"为普通人盖好房子，盖有人用的房子"，在巩固住宅开发和物业服务固有优势的基础上，万科的业务已延伸至商业、长租公寓、物流仓储、冰雪度假、教育等领域，为更好地服务人民美好生活需要、实现可持续发展奠定了良好的基础。深圳市人民政府国有资产监督管理委员会所属的全资子公司深圳市地铁集团有限公司系万科的第一大股东（持股比例为 27.91%）。

1. 发行资料

根据巨潮资讯网发布的数据，发行人截至 2021 年 3 月 31 日，注册资本 116.177 322 亿元，万科的股份总数为 116.18 亿股，净资产为 3 554.32 亿元，归属于母公司所有者权益合计 2 257.08 亿元，合并报表口径资产负债率为 81.37%，合并口径扣除预收账款及合同负债后的资产负债率为 45.60%，母公司资产负债率为 69.42%；本期债券上市前，发行人最近三个会计年度实现的年均可分配利润为 380.53 亿元（2018～2020 年度经审计的合并报表中归属于母公司所有者的净利润平均值），预计不少于本期债券一年利息的 1.5 倍。本期债券发行及挂牌上市安排参见发行公告。

（1）本期发行债券的具体事项

1）本次发行的内部批准情况及注册情况。

2019年4月29日，万科第十八届董事会第十九次会议审议并通过了《关于提请股东大会授权发行直接债务融资工具的议案》。

2019年6月28日，万科2018年度股东大会审议并通过了《关于提请股东大会授权发行直接债务融资工具的议案》。

2019年8月20日，万科第十八届董事会第二十二次会议审议并通过了《关于董事会转授权公司总裁全权处理债务融资工具发行相关事宜的议案》。为提高债务融资工具发行效率，董事会同意在股东大会审议通过债务融资工具授权后，转授权公司总裁在股东大会通过之日起24个月内，根据公司需要和市场条件全权处理上述债务融资工具决策，包括中介机构选聘、申请、发行、上市等阶段相关事宜。如果总裁已于授权有效期内决定有关发行，且公司亦在授权有效期内取得监管部门的发行批准、许可或登记，公司可在该批准、许可或登记确认的有效期内完成有关发行。

2021年5月13日，万科的总裁做出《关于万科企业股份有限公司公开发行住房租赁专项公司债券的决定》，决定面向专业投资者公开发行住房租赁专项公司债券。本次计划发行总规模不超过人民币30亿元、期限不超过10年（含10年）的公司债券，采用分期发行方式。

万科于2021年6月24日获得中国证券监督管理委员会证监许可〔2021〕2137同意面向专业投资者发行面值不超过（含）30亿元住房租赁专项公司债券的注册。

2）债券名称。

万科2021年面向专业投资者公开发行住房租赁专项公司债券（第三期）（品种一债券简称为21万科05，债券代码为149567；品种二债券简称为21万科06，债券代码为149568）。

3）发行规模。

发行规模为人民币30亿元。

4）债券期限及发行价格。

本期债券主要分为两个品种，品种一为5年期（附第3年末发行人赎回选择权、发行人调整票面利率选择权和投资者回售选择权），品种二为7年期（附第5年末发行人赎回选择权、发行人调整票面利至选择权和投资者回售选择权）。债券票面金额100元，按面值平价发行。品种间有回拨选择权，回拨比例不受限制。

5）债券利率及其确定方式。

本期债券采用固定利率形式，本期债券票面利率由发行人和簿记管理人按照发行时网下询价簿记结果共同协商确定。债券票面利率采取单利按年计息，不计复利。本期公司债券票面利率通过簿记建档方式确定，在品种一存续期的前3年内固定不变，品种二存续期的前5年内固定不变。

本期债券发行时间自2021年7月23日至2021年7月26日，最终实际发行数量为

30 亿元，品种一债券实际发行规模 23 亿元，票面利率为 3.19%；品种二债券实际发行规模 7 亿元，票面利率为 3.49%。

6）债券形式。

债券形式为实名制记账式公司债券。本期债券发行结束后，债券认购人可按照有关主管机构的规定进行债券的转让、质押等操作。

7）发行对象及方式。

本期债券发行采取网下面向《公司债券发行与交易管理办法》规定且在中国证券登记结算有限责任公司深圳分公司（以下简称"登记机构"）开立合格 A 股证券账户的专业投资者询价配售的方式。网下申购由簿记管理人根据簿记建档情况进行配售。具体发行安排根据深圳证券交易所的相关规定进行。具体配售原则详见发行公告。具体发行安排根据深圳证券交易所的相关规定进行。

网下发行面向在登记机构开立合格 A 股证券账户的专业投资者。专业投资者通过向簿记管理人提交《网下利率询价及认购申请表》的方式参与网下询价申购。专业投资者网下最低申购金额为 1 000 万元（含 1 000 万元），超过 1 000 万元的必须是 100 万元的整数倍。

8）计息日及还本付息方式。

本期债券的起息日为 2021 年 7 月 26 日。本期债券采用单利按年计息，不计复利。每年付息一次，到期一次还本，最后一期利息随本金的兑付一起支付。

9）付息日。

品种一：付息日为 2022～2026 年每年的 7 月 26 日（若遇法定节假日或休息日，则顺延至其后的第 1 个交易日；每次付息款项不另计利息）。

品种二：付息日为 2022～2028 年每年的 7 月 26 日（若遇法定节假日或休息日，则顺延至其后的第 1 个交易日）。顺延期间付息款项不另计利息。

10）兑付日。

品种一：2026 年 7 月 26 日。若发行人行使赎回选择权，则本期债券的兑付日为 2024 年 7 月 26 日；若投资者行使回售选择权，则回售部分债券的兑付日为 2024 年 7 月 26 日（若遇法定节假日或休息日，则顺延至其后的第 1 个交易日；顺延期间兑付款项不另计利息）。

品种二：2028 年 7 月 26 日。若发行人行使赎回选择权，则本期债券的兑付日为 2026 年 7 月 26 日（若遇法定节假日或休息日，则顺延至其后的第 1 个交易日；顺延期间兑付款项不另计利息）；若投资者行使回售选择权，则回售部分债券的兑付日为 2026 年 7 月 26 日（若遇法定节假日或休息日，则顺延至其后的第 1 个交易日；顺延期间兑付款项不另计利息）。

11）承销方式。

本期债券由主承销商以余额包销的方式承销。主承销商为中信证券股份有限公司。

12）担保情况及信用级别。

本期债券无担保，经联合资信评估股份有限公司 2021 年 7 月 15 日综合评定，发行人的主体信用等级为 AAA 级，本期债券的信用等级为 AAA 级。

13）债券受托管理人。

本公司聘请中信证券股份有限公司作为本期债券的债券受托管理人。

14）拟上市交易场所。

拟上市交易场所为深圳证券交易所。

15）发行费用概算。

本次发行费用概算不超过本期债券发行总额的1.0%，主要包括保荐及承销费用、审计师费用、律师费用、资信评级费用、发行推介费用和信息披露费用等。

16）募集资金用途。

本期债券的募集资金在扣除发行费用后，剩余募集资金的70%以上将用于住房租赁项目建设，其余部分用于补充流动资金。

17）审计机构。

审计机构为毕马威华振会计师事务所（特殊普通合伙）。

（2）发行人主要财务数据及财务指标

1）发行人2018～2020年及2021年一季度的主要财务数据如表5.3所示。

表5.3　发行人2018～2020年及2021年一季度的主要财务数据（合并报表）　　单位：万元

项目	2018年	2019年	2020年	2021年一季度
营业收入	29 767 933.11	36 789 387.75	41 911 167.77	6 226 409.59
营业利润	6 749 861.25	7 661 313.60	7 995 864.21	404 519.68
净利润	4 927 229.45	5 513 161.46	5 929 811.64	250 705.07
其中：归属于母公司所有者的净利润	3 377 265.17	3 887 208.69	4 151 554.49	129 228.63
经营活动现金净流量	3 361 818.34	4 568 680.95	5 318 802.22	1 687 943.45
资产总计	152 857 935.65	172 992 945.04	186 917 709.40	190 786 049.27
其中：流动资产	158 433 174.01	158 433 174.01	158 433 174.01	158 433 174.01
非流动资产	23 350 750.02	29 094 009.58	32 179 003.28	32 352 875.26
负债合计	129 295 862.65	145 935 033.50	151 933 262.07	155 242 848.79
其中：流动负债	112 191 393.68	127 261 028.40	131 749 268.89	134 692 007.36
非流动负债	17 104 468.97	18 674 005.10	20 183 993.18	20 550 841.43
股东权益合计	23 562 073.00	27 057 911.54	34 984 447.33	35 543 200.49

2）发行人2018～2020年的主要财务指标如表5.4所示。

表5.4　发行人2018～2020年的主要财务指标

主要财务指标	时间		
	2018年末	2019年末	2020年末
流动比率	1.15	1.13	1.17
速动比率	0.49	0.43	0.41
资产负债率/%	81.28	84.36	84.59

续表

主要财务指标	时间		
	2018 年末	2019 年末	2020 年末
扣除预收账款/合同负债后的资产负债率/%	51.55	50.96	47.49
归属于母公司股东的每股净资产/元	14.11	16.64	19.32
应收账款周转率/次	197.21	205.86	168.3
存货周转率/次	0.28	0.28	0.31
营业毛利率/%	29.70	27.30	22.75
总资产报酬率/%	5.62	5.27	4.91
净资产收益率/%	23.34	21.78	19.12
扣除非经常性损益后的净资产收益率/%	23.34	21.78	18.69
EBITDA/万元	7 506 018.76	8 792 072.14	9 015 626.09
EBITDA 利息保障倍数/倍	7.05	8.16	7.8
EBITDA 全部债务比	0.28	0.34	0.34
营业收入增长率/%	22.55	23.59	13.92
总资产增长率/%	31.17	13.17	8.05
营业利润增长率/%	32.84	13.5	4.37

注：EBITDA 是税息折旧及摊销前利润的简称，英文全称为 earnings before interest，taxes，depreciation and amortization。

（3）发行人信用评级的具体情况

1）信用级别。

经联合资信评估股份有限公司（以下简称"联合资信"）2021 年 7 月 15 日综合评定，万科的主体信用等级为 AAA 级，本期债券评级为 AAA 级，评级展望为稳定。上述信用等级表明万科的偿还债务的能力极强，基本不受不利经济环境的影响，违约风险极低。

2）本期债券为无担保债券。

联合评级基于对万科自身运营实力和偿债能力的综合评估，评定万科主体信用等级为 AAA 级；评定本期债券信用等级为 AAA 级。万科主体信用等级是公司依靠自身的财务实力偿还全部债务的能力，是对公司长期信用等级的评估。在本期债券的存续期内，若受国家政策法规、行业及市场等不可控因素的影响，发行人未能如期从预期的还款来源中获得足够资金，可能将影响本期债券本息的按期偿付。若发行人未能按时、足额偿付本期债券的本息，债券持有人将无法从除发行人外的第三方处获得偿付。此外，截至 2020 年 12 月 31 日，公司抵、质押借款金额合计 187.26 亿元，占发行人当期末总负债的 1.23%。若公司经营不善而破产清算，则本期债券持有人对发行人抵质押资产的求偿权劣后于发行人的抵质押债权。

3）评级报告的内容。

评级报告的评价内容包括经营风险和财务风险。评级报告的内容摘要如表 5.5 所示。

表5.5　评级报告内容摘要

评价内容	评价结果	风险因素	评价要素	评价结果
经营风险	A	经营环境	宏观和区域风险	2
			行业风险	3
		自身竞争力	基础素质	1
			企业管理	1
			经营分析	1
财务风险	F1	现金流	资产质量	1
			盈利能力	1
			现金流量	1
		资本结构		1
		偿债能力		1

注：经营风险由低至高划分为 A、B、C、D、E、F 共6个等级，各级因子评价划分为1、2、3、4、5、6 共6档，1档最好，6档最差；财务风险由低至高划分为 F1、F2、F3、F4、F5、F6、F7 共7个等级，各级因子评价划分为1、2、3、4、5、6、7 共7档，1档最好，7档最差；财务指标为近3年加权平均值；通过矩阵分析模型得到指示评级结果。

联合资信对万科的评级反映了万科作为国内最早从事房地产开发的企业之一，行业经验丰富，龙头地位稳固。万科长期保持稳健的经营风格和财务政策，房地产开发、商业开发与运营、物业服务和物流仓储服务等业务发展态势良好，持续发展能力和穿越行业周期能力强。2018～2020年，万科的销售业绩稳步增长，盈利能力很强，账面货币资金充足，流动性充裕。同时，联合资信也关注到房地产行业调控政策趋于长期化背景下未来房地产市场运行存在一定不确定性、公司股权结构较为分散等因素可能对公司信用水平带来的不利影响。

万科的经营活动现金流入和 EBITDA 对本期债券保障程度很高。万科的项目储备充足，未来随着存量项目将进一步实现销售及商业地产业务的拓展，经营状况将保持良好。联合资信对万科的评级展望为稳定。

基于对万科主体长期信用状况以及本期债券偿还能力的综合评估，联合资信认为，万科主体偿债风险极小，本期债券到期不能偿还的风险极低，安全性极高。

① 万科发行债券的优势。

一是万科的行业经验丰富，品牌知名度较高，品牌溢出效应较强。万科是全国规模领先的房地产开发企业，有着30多年的房地产行业经验，其销售规模常年稳居行业销售排名前列，行业龙头地位稳固，品牌影响力较强。

二是万科的土地储备丰富且区域分布分散，其多元化经营协同效应逐步发挥，有效分散了经营风险，长期以来经营稳健，穿越周期能力较强。万科坚持深耕城市圈的战略，土地储备质量较好，主要分布在一、二线城市，分散的区域布局可在一定程度上抵御行业轮动风险。同时，万科定位于城乡建设与生活服务商，其城市配套服务业务与地产开发业务协同效应逐步发挥，并且能够有效补充收入。

三是万科的财务政策稳健，持续盈利能力较强，具有较好的财务弹性。万科紧跟房地产市场格局的变化，始终坚持严谨的购地策略，并持续探索多元化的土地获取模式，拿地成本相对合理。2018～2020年，万科的销售业绩稳步增长，其较大规模的已售未结转项目可为未来业绩提供一定支撑，销售回款逐年增多，货币资金充足，现金类资产对短期债务覆盖程度较高。万科的债务负担适中，期限分布相对均衡且绝大部分为信用借款，融资结构合理，再融资空间较大。

② 万科发行债券的不利因素。

一是房地产行业调控趋于长期化。房地产行业调控政策趋于长期化，未来房地产市场运行存在一定不确定性。

二是万科的股权结构较为分散。万科的股权较为分散，且无实际控制人，需关注其股权结构的稳定性。

4）跟踪评级安排。

根据监管部门规定及评级机构跟踪评级制度，评级机构在初次评级结束后，在受评债券存续期间对受评对象开展定期及不定期跟踪评级，评级机构将持续关注受评对象外部经营环境变化、经营或财务状况变化及偿债保障情况等因素，以对受评对象的信用风险进行持续跟踪。联合资信将在本期债券存续期内，每年至少进行一次定期跟踪评级。

联合资信评级机构应充分关注可能影响评级对象信用等级的所有重大因素，及时向市场公布信用等级调整及其他与评级相关的信息变动情况，并向证券交易场所报告。

2. 分析思路

债券融资是一种主导融资方式，与股权融资相比，筹资成本较低，而且可以锁定成本，特别是在预期利率上浮时期，效果明显。从控制权分析，债券融资不会削弱公司现有股东相对平衡的权力结构，且能产生杠杆效应。与银行贷款相比，债券融资的资金运用相对灵活，融资成本相对较低，还可以避免银行对公司财务安排的限制与监督，故债券融资受到广大筹资企业的欢迎。万科提出债券融资策略的目的在于以较小的成本和较小的风险获取债券资金和最大的债券融资效益，从而促进公司的全面发展。

（1）发行条件分析

1）根据发行人募集债券说明书及深圳证券交易所的审核意见，具体分析如下。

一是公司章程合法有效，股东大会、董事会、监事会和独立董事制度健全，能够依法有效履行职责；二是公司内部控制制度健全、完整、合理，能够有效保证公司运行的效率、合法合规性和财务报告的可靠性；三是现任董事、监事和高级管理人员具备任职资格，能够忠实和勤勉地履行职务，不存在违法行为；四是上市公司与控股股东或实际控制人的人员、资产、财务分开，机构、业务独立，能够自主经营管理；五是最近12个月内不存在违规对外提供担保的行为。

综合以上5个方面，万科具备健全且运行良好的组织机构。

2）根据发行人募集债券的公告，本期债券上市前，发行人最近3个会计年度实现的年均可分配利润为 380.53 亿元（2018～2020 年度经审计的合并报表中归属于母公司所有者的净利润平均值），不少于本期债券一年利息的 1.5 倍。

本期债券中，品种一的年利息为 23×3.19%=0.733 7（亿元），品种二的年利息为 7×3.49%=0.244 3（亿元），合计为 0.978 0 亿元，故年均可分配利润是本期债券一年利息的 389 倍，远大于 1.5 倍，足以支付一年期的利息。

3）根据发行人募集债券的公告，具有合理的资产负债结构和正常的现金流量。本期债券上市前，发行人截至 2021 年 3 月 31 日的净资产为 3 554.32 亿元，归属于母公司所有者权益合计 2 257.08 亿元，合并报表口径资产负债率为 81.37%。巨潮咨询官网资料显示，经统计发现，我国房地产行业 2020 年上市公司的资产负债率实际水平在 75%～90%，且资产负债率较高的企业，其盈利能力较强。万科的盈利水平处于行业前列，但负债水平属于中等。合并口径扣除预收账款及合同负债后的资产负债率为 45.60%，母公司的资产负债率为 69.42%。截至 2020 年末，合并口径扣除预收账款及合同负债后的资产负债率为 47.49%，处于合理水平。

万科的经营活动现金净流量，2018～2020 年依次为 3 361 818.34 万元、4 568 680.95 万元、5 318 802.22 万元，年均增加 80 亿元以上且逐年增加，据此判断万科具有正常的现金流量。

综上所述，万科本次发行的债券完全符合我国债券法规规定的发行条件。

另外，《公司债券发行与交易管理办法》第十六条规定："资信状况符合以下标准的公开发行公司债券，专业投资者和普通投资者可以参与认购：（一）发行人最近三年无债务违约或者延迟支付本息的事实；（二）发行人最近三年平均可分配利润不少于债券一年利息的 1.5 倍；（三）发行人最近一期末净资产规模不少于 250 亿元；（四）发行人最近 36 个月内累计公开发行债券不少于 3 期，发行规模不少于 100 亿元。"2019～2021 年，万科累计公开发行 8 期债券，2019～2021 年的发行规模分别约为 45 亿元、70 亿元、75.66 亿元，累计规模约达到 190.66 亿元。总之，万科完全达到前款规定标准的公开发行公司债券，满足专业投资者和普通投资者参与认购的条件。本次债券只对专业投资者发行，进而说明万科的资信和偿债能力赢得专业投资者的认可。

（2）万科的债券筹资规模分析

企业不论采用哪种债券筹资形式，发行人都应对债券筹资的数量做出科学的判断和规划。资金的短缺性和资金的成本性要求债券筹资规模必须既合理又经济。但是，确定发行债券的合理数量又是一个较为复杂的问题。

首先要以企业合理的资金占用量和投资项目的资金需求量为前提，在此基础上对企业的扩大再生产进行规划，对投资项目进行可行性研究。从案例中可知，万科无论是从资产规模、收入及盈利状况，还是从市场占有率来说均处于行业前列，具有绝对优势。万科本次债券募集资金扣除发行费用后，拟将其中不低于 70% 的费用用于住房租赁项目建设，剩余募集资金拟用于补充公司流动资金，改善公司资金状况。

债券筹资规模主要应根据资产负债结构的定量比，分析企业偿债能力的大小来决定。

一是长期偿债能力。资产负债率是用来分析企业负债筹资程度和财务风险大小的指标。对于债权人来说，它是用来表明债权安全可靠程度的指标。国际上一般认为30%左右比较合适，但在发达地区和国家比较高一些。即使在我国不同行业差异也较大，根据巨潮咨询官网资料，我国房地产行业2020年上市公司的实际水平在75%～90%；统计发现，资产负债率较高的企业，其净资产收益率较高。从本案例中可知，万科2020年的资产负债率为84.59%，2018～2020年一直保持在84%左右，比例稳定；净资产收益率2018～2020年在20%左右，资产负债率较高，可以带来杠杆正效应，企业资产负债结构合理；以2021年3月31日万科的财务数据为基准，本期债券发行完成且根据上述募集资金运用计划予以执行后，万科合并财务报表的资产负债率由发行前的81.37%上升至发行后的81.40%，资产负债率增幅不大。万科发行30亿人民币债券后，以2021年第一季度的数据为基础，资产负债率为81.40%[(155 242 848.79+300 000)/190 786 049.27+300 000-300 000×1.0%)]，略低于2020年的水平，不会影响企业的偿债能力。EBITDA利息保障倍数，2018～2020年年均达到7.67倍，2020年达到7.8倍，远超出国际标准3倍的水平；EBITDA全部债务比为0.32，相对较低。

二是短期偿债能力。流动比率用来反映企业短期偿还债务的能力。在本案例中，万科短期偿债能力在行业中处于较低水平，2020年流动比率为1.17，速动比率为0.41，值得注意。以2021年3月31日公司财务数据为基准，本期债券发行完成且根据上述募集资金运用计划予以执行后，公司合并财务报表的流动比率由发行前的1.176 3上升至发行后的1.176 9。公司流动比率将略有提高，流动资产对于流动负债的覆盖能力得到提升，短期偿债能力增强。

在总体偿债能力中，负债结构合理，中长期偿债能力强，短期偿债能力一般。还应根据经营成果、盈利能力、所有者权益等分析企业偿债能力的保障程度。净利润2020年比2019年增长6.8%，并不高，但股东权益稳定增长，且2019～2020年增长依次为14.83%、29.29%，增幅达50%；同时根据2018～2020年的数据，万科的净资产收益率平均为21.41%，扣除非经常性损益后净资产收益率平均为21.27%。由于盈利能力是最终偿债的基础，因此总体来看万科的偿债能力有保障。

（3）万科的债券筹资利率决策分析

债券筹资利率的确定是涉及内容较复杂、综合性很强的工作，但总的原则是既在发行人的承受能力内尽量降低利率，又能对投资者具有吸引力。根据我国2021年的实际情况，确定债券利率应主要考虑以下因素。

1）债券筹资利率的上、下限。

债券筹资利率的上、下限一般从收益高、风险小两个方面考虑，银行储蓄和债券是可供投资者、居民选择的两种投资形式。但因为债券筹资的资信度不如银行储蓄，所以投资者通常要求债券筹资的利率应高于同期储蓄存款的利率，使现行同期储蓄存款利率成为企业债券筹资利率的下限。当存在未来资金成本高的预期，发行债券有助于锁定成本。相反，发债企业将会比照银行同期储蓄存款利率而承担较高的资金成本。从2021年上半年这个时间看，同期5年期储蓄存款利率为2.75%～3.2%，但万科仅承担3.19%和

3.49%，原因在于银行储蓄只能在最后到期时付息，且不计复利。购买该债券等级为 AAA 级，风险极低，投资者既可转让，每年付息还可用所得利息再投资。

2）发行人的承受能力。

为了保证债券能够到期还本付息和发行人的筹资资信，需要测算万科投资的经济效益，做到量入为出。首先，2020 年万科的净资产收益率为 19.12%，大于债券筹资利率。其次，最近 3 个会计年度实现的年均可分配利润为 380.53 亿元。本期债券每年需支付利息合计 0.978 亿元，故年均可分配利润足以满足其支付债券一年利息的要求。最后，现金流量充足，最近 3 年平均经营活动现金净流量约为 441.64 亿元。另外，流动资产的变现能力较强。截至 2020 年 12 月 31 日，万科母公司财务报表口径下不含存货的流动资产余额约为 4 191.68 亿元，完全可以满足债券本息兑付的要求，偿债能力极强。

3）发行人的信用等级。

发行人的信用等级也是制定债券筹资利率的一个重要方面。由于万科企业的信用等级为 AAA 级，知名度高，同时本期债券的信用等级为 AAA 级，是企业债券中的金边债券，信用风险极小，债券利率也可相应降低。

此外，还应考虑市场利率的水平与走势。从债券发行的当时看，利率趋于下降，发行长期债券会锁定利率，不能降低成本。但发行当时正处于"后疫情"时期，利率具有不确定性，发行人约定债券后期具有调整票面利率选择权，从而根据未来的发展进行灵活调整，也是保障其发行者和债权人双方利益的表现。

综合以上因素，万科本次发行两个品种的债券，利率水平较低。

（4）万科的债券筹资期限决策分析

对于发行人来说，债券期限过短，不利于资金的有效使用。同时债券交易的方便程度是决定企业能否发行长期债券的主要原因。因为本次发行债券已约定在深圳证券交易所上市交易，而且作为盘子大、资信好、竞争能力强的房地产企业，对投资者来说方便流通转让，所以发行长期债券较为合理。

为避免偿债期集中出现，在设计债券品种时分为 5 年期和 7 年期两种，缓解了还本付息的压力。不同利率水平债券组合的使用丰富了债券品种，增加了市场选择，也平缓了还债压力与风险，较为可行。

（5）万科的债券清偿方式分析

清偿方式是指清偿债务所采用的具体形式，如清偿时间的间隔安排、清偿时的付款方式等。一般认为，清偿方式的选择主要依据发行人对成本的考虑。对于清偿时间的间隔安排来说，一笔借入资金采用不同的还款方式，会有不同的利息支出。因此，有必要对不同的还款方式进行分析测算，以便为最终选择提供可靠的依据。

万科债券选择的还本付息方式是按年付息，到期一次还本。付息按年支付，以实现债券筹资的良性循环，到期还本可以使资金使用最大化，尽管在一定程度上看，到期还本财务支付压力较大，有损财务稳健性，但可以使资金使用最大化，相对于其他方式而言，该方式的现值较低且可以使资金得到最佳使用，是较为合理的选择。

📝 知识链接

债券融资与股权融资、银行借款的比较

1. 债券融资与股权融资

从筹资成本看，在债券融资中，债券的利息可计入成本，在税前支付，具有冲减税基的作用，而股权融资中，股利是在税后利润中支付，具有对公司法人和股份持有者进行"双重征税"的作用。债券的发行费用较低，股票首次发行，支付给发行中介机构的费用占所筹资的 5%～8%，再次发行也为 3%～6%。发行 A 级债券的费用仅占筹资额的 0.7%～1.2%。特别是在发行可转换债券时，其所具有的期权特征，可以使发行的债券利率降低。债券融资还可以锁定成本，尤其是在预期利率上浮时期，效果更明显。

从控制权看，在债券融资中，公司原有股东的控制权不受影响，而在股权融资条件下，公司的管理结构将因新股东的加入而受到很大的影响，控制权会分散。

从资本结构看，企业发行可转换债券，或在发行债券时规定可提前赎回债券，有利于企业调整资本结构，确立负债与资本的合理比例。

2. 债券融资与银行借款

从融资的主动权看，企业在银行融资，其主动权掌握在银行手里，如融资方式的选择、融资数量的多少、融资期限的长短，需双方进行长时间的谈判，最终经银行审核后决定，而在债券融资中，融资方式灵活，各项融资条款基本上由企业决定。

从融资成本看，若是担保借款或借款按季支付利息，则需要支付的费用高，银行信用借款利率一般高于债券利率，其融资成本相对较高；而在债券融资中，存在未来资金成本高的预期时，债券融资有利于企业锁定资金成本。

从资金运用看，债券融资的资金运用相对灵活，可避免银行对企业财务安排的监督。

六、实训练习

内蒙古蒙牛乳业（集团）股份有限公司 2021 年公司债券发行基本情况

内蒙古蒙牛乳业（集团）股份有限公司（以下简称"蒙牛"）品牌优势明显，行业地位稳固。作为中国蒙牛乳业有限公司旗下乳制品业务核心运营主体，公司以"蒙牛"主品牌为依托的特仑苏、纯甄和冠益乳等单品，拥有很高的市场认可度，品牌优势明显。在完善的销售网络支持下，目前蒙牛在 UHT（ultra high temperature sterilization，超高温瞬时杀菌）牛奶、液态奶及冰冻产品的销量和乳制品出口量方面均处于行业领先地位，奶源供应稳定，产业链一体化优势明显。蒙牛通过战略合作及社会化合作保证原料奶的供应，近年来规模化、集约化的奶源比例保持在 100%，同时，蒙牛的上下游产业链优势

显著，有利于巩固其在高端乳制品市场的领导地位。

蒙牛的经营范围包括：乳制品的生产、加工、销售；畜牧饲养；冷冻饮品及食用冰、软饮料的生产、加工、经营、销售；复配食品添加剂的生产加工；乳粉制固态成型制品销售、复配食品添加剂销售、饼干、固体饮料销售乳粉制固态成型制品生产、加工；固体饮料（包含蛋白饮料类、其他饮料类、固体饮料类）生产、加工（不涉及国营贸易管理商品；涉及配额、许可证管理、专项规定管理的商品，应按有关规定办理申请）；蔬菜、瓜果种植；代理所属各地子公司的进出口业务；总部管理、市场调查、营销策划、技术服务、租赁管理、商标授权；糖果销售、糖果制品。

蒙牛的注册资本为 150 429.087 万元人民币。截至 2020 年末，公司资产总额 6 025 752.38 万元，负债总额 2 476 143.18 万元，所有者权益 3 549 609.21 万元。2018～2020 年，蒙牛归属于母公司所有者的净利润分别为 349 581.61 万元、665 990.26 万元和 18 165.38 万元，3 个会计年度实现的年均可分配利润为 344 579.08 万元，预计不少于本期债券一年利息的 1.5 倍。发行人在本次发行前的财务指标符合相关规定。

1. 本期发行债券的具体事项

（1）本次发行的批准及核准情况

2020 年 2 月 19 日，蒙牛 2020 年第二次临时董事会议审议通过了关于注册公司债券的事项，同意公司以公开方式发行不超过 100 亿元（含 100 亿元）的公司债券。

2020 年 2 月 24 日，本次债券发行经公司 2020 年第二次临时股东大会审议通过，同意公司以公开方式发行不超过 100 亿元（含 100 亿元）的公司债券。

2021 年 1 月 26 日，经上海证券交易所审核同意并经中国证监会（证监许可〔2021〕299 号）注册，发行人获准面向专业投资者公开发行不超过人民币 100 亿元（含 100 亿元）的公司债券。本期债券发行总额不超过人民币 5 亿元（含 5 亿元）。

（2）债券名称

债券名称为"内蒙古蒙牛乳业（集团）股份有限公司 2021 年公开发行公司债券（第一期）"，简称"21 蒙牛 01"，债券代码为 188320。

（3）发行规模

本期公司债券的发行规模为不超过人民币 5 亿元。

（4）债券期限及发行价格

本期债券面值 100 元，按面值平价发行。本期公司债券的存续期限为 2 年。

（5）债券利率及其确定方式

本期公司债券票面利率为 3.10%，本期债券采用单利按年计息，不计复利。每年付息一次，到期一次还本，最后一期利息随本金的兑付一起支付。本期债券采用固定利率形式，票面利率将以公开方式向具备相应风险识别和承担能力的专业投资者进行询价，由发行人和主承销商根据利率询价确定利率询价区间为 2.5%～3.5%。根据网下向专业投资者询价簿记结果，经发行人和主承销商充分协商和审慎判断，最终确定本期债券（债券简称为 21 蒙牛 01，代码为 188320）票面利率为 3.10%。

（6）债券形式

本期公司债券发行的形式为实名制记账式公司债券。投资者认购的本期债券在登记机构开立的托管账户托管记载。

（7）发行对象及方式

本期债券发行对象为《公司债券发行与交易管理办法》《上海证券交易所公司债券上市规则》《上海证券交易所债券市场投资者适当性管理办法》等规定的专业投资者。本期债券采用网下向具备相应风险识别和承担能力的专业投资者发行。专业投资者网下最低申购金额为 1 000 万元（含 1 000 万元），超过 1 000 万元的必须是 1 000 万元的整数倍。

（8）还本付息的期限及方式

本期债券发行首日为 2021 年 6 月 28 日，起息日为 2021 年 6 月 29 日。本期债券采用单利按年计息，不计复利。每年付息一次，到期一次还本，最后一期利息随本金的兑付一起支付。计息期限自 2021 年 6 月 29 日至 2023 年 6 月 28 日。

（9）付息日

付息日为 2022～2023 年每年的 6 月 29 日（若遇非交易日，则顺延至其后的第 1 个交易日）。

（10）兑付日

兑付日为 2023 年 6 月 29 日（若遇非交易日，则顺延至其后的第 1 个交易日）。

（11）承销方式

本期债券由主承销商（中信建投证券股份有限公司、中国国际金融股份有限公司）负责组建承销团，以余额包销的方式承销。

（12）担保情况及信用级别

本期债券无担保。本期债券信用等级为 AAA 级，公司主体信用等级为 AAA 级；本期债券资信评级机构为中诚信国际信用评级有限责任公司（以下简称"中诚信国际"）。

（13）债券受托管理人

本期公司债券的受托管理人为中信建投证券股份有限公司。

（14）上市交易场所

上市交易场所为上海证券交易所。

（15）募集资金用途

本期债券募集资金扣除发行费用后，拟全部用于补充营运资金。

（16）审计机构

审计机构为安永华明会计师事务所。

2. 发行人主要财务数据及财务指标

1）发行人 2018～2020 年的主要财务数据如表 5.6 所示。

表 5.6　发行人 2018～2020 年的主要财务数据　　　　　单位：万元

财务数据	2020 年	2019 年	2018 年
货币资金	1 395 226.03	1 839 830.68	1 373 062.96
应收账款	273 256.28	316 999.41	270 896.84
固定资产	1 053 710.44	909 307.24	1 271 207.46
无形资产	148 331.13	135 279.20	155 368.90
总资产	6 025 752.38	5 549 210.79	5 057 388.80
其中：流动资产	2 523 600.68	3 141 380.01	2 545 500.19
非流动资产	3 497 151.70	2 407 830.78	2 511 888.61
总负债	2 475 143.18	2 357 875.75	2 467 299.07
其中：流动负债	2 253 388.93	2 011 821.18	2 126 318.90
非流动负债	217 754.25	346 054.57	340 980.17
所有者权益合计	3 549 609.21	3 191 335.04	2 590 089.73
营业收入	7 137 269.77	7 542 409.08	6 580 839.35
营业利润	456 656.65	840 668.19	448 252.79
净利润	354 090.21	712 642.35	382 455.93
EBITDA	614 602.29	1 063 486.70	644 968.92
经营活动产生现金净流量	599 296.26	709 174.93	703 181.60
投资活动产生现金净流量	−80 883.37	−1 141 625.11	−524 956.99
筹资活动产生现金净流量	−125 984.85	248 564.88	−90 707.09

2）发行人 2018～2020 年的主要财务指标如表 5.7 所示。

表 5.7　发行人 2018～2020 年的主要财务指标

主要财务指标	2020 年	2019 年	2018 年
流动比率	1.12	1.56	1.20
速动比率	0.96	1.40	1.04
资产负债率/%	41.09	42.49	48.79
平均总资产回报率/%	7.37	16.44	10.28
净资产收益率/%	10.51	24.65	16.24
EBITDA/万元	614 602.29	1 063 486.70	644 968.92
EBITDA 利息保障倍数	54.47	34.36	27.15
EBITDA 利润率/%	8.61	14.10	9.80
营业毛利率/%	37.44	37.46	37.19
期间费用率/%	30.58	30.11	29.86
应收账款周转率	23.55	25.24	25.51
存货周转率	13.30	14.47	13.90
贷款偿还率/%	100	100	100
利息偿付率/%	100	100	100
总资本化比率/%	13.40	16.65	21.04

续表

主要财务指标	2020 年	2019 年	2018 年
短期债务/总债务/%	76.38	79.53	88.54
经营活动净现金流/总债务	1.09	1.11	1.02
营业收入增长率/%	25.54	46.74	34.52

3. 发行人信用评级的具体情况

（1）信用级别

发行人聘请中诚信国际对本期发行公司债券的资信情况进行评级。根据中诚信国际出具的《内蒙古蒙牛乳业（集团）股份有限公司 2021 年公开发行公司债券（第一期）（面向专业投资者）信用评级报告》（CCXI-20201954D-03），发行人信用等级为 AAA 级，评级展望为稳定；本次公司债券的信用等级为 AAA 级。上述信用等级表明蒙牛偿还债务的能力极强，基本不受不利经济环境的影响，违约风险极低。

（2）评级报告的内容摘要

中诚信国际肯定了品牌优势明显、行业地位突出、奶源供应稳定、产业链布局不断完善、收入保持稳定和经营获现能力较好及备用流动性充足等方面的优势对蒙牛的整体信用实力提供了有力支持。同时，中诚信国际关注到食品安全及新冠肺炎疫情管控双重承压风险、原料奶成本上涨压力及关联方资金往来金额较大等因素对蒙牛的经营及信用状况造成的影响。从总体看，本期债券到期不能偿付的风险很小。

（3）跟踪评级安排

根据中国证监会相关规定、评级行业惯例及蒙牛的评级制度相关规定，自首次评级报告出具之日（以评级报告上注明日期为准）起，中诚信国际将在本次债券信用级别有效期内或本次债券存续期内，持续关注本次债券发行人的外部经营环境变化、经营或财务状况变化及本次债券偿债保障情况等，以对本次债券的信用风险进行持续跟踪。跟踪评级包括定期跟踪评级和不定期跟踪评级。

在跟踪评级期限内，中诚信国际将于本次债券发行主体及担保主体（如有）年度报告公布后 2 个月内完成该年度的定期跟踪评级，并根据上市规则于每一会计年度结束之日起 6 个月内披露上一年度的债券信用跟踪评级报告。此外，自本次评级报告出具之日起，中诚信国际会密切关注与发行主体、担保主体（如有）以及本次债券有关的信息，如果发生可能影响本次债券信用级别的重大事件，发行主体应及时通知中诚信国际并提供相关资料，中诚信国际将在认为必要时及时启动不定期跟踪评级，就该事项进行调研、分析并发布不定期跟踪评级结果。

中诚信国际的定期跟踪评级和不定期跟踪评级结果等相关信息将根据监管要求或约定在中诚信国际网站和交易所网站予以公告，且交易所网站公告披露时间不得晚于在其他交易场所、媒体或其他场合公开披露的时间。

实训要求：

根据上述资料，结合查找相关资料，做如下分析。

1）分析判别此债券是否符合发行及上市条件。

2）分析发行债券规模的合理性。

3）分析债券利率水平的高低。

4）分析债券筹资期限的合理性。

5）做出债券还本付息方式决策。

实验六　项目投资模拟实验

一、实验目的

通过本实验，学生能够掌握项目投资的内容和流程，了解投资项目可行性研究报告的编写方法；掌握现金预算、预计财务报表的编制方法，学会编制项目投资方案的财务预算；掌握投资项目的财务评价方法，提高对项目投资的决策分析能力。

二、实验流程

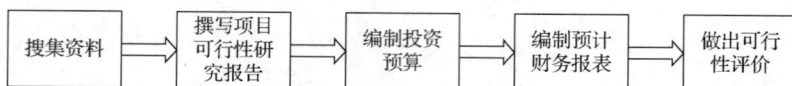

三、实验时间

本实验 12 学时，每学时 50 分钟。可以根据实验需要、专业特点等进行适当调整。实验内容及学时安排如表 6.1 所示。

表 6.1　实验内容及学时安排

实验内容	阅读分析资料	编制投资预算表、收入和成本费用估算表	编制资产负债表、利润表和现金流量表	计算财务指标，做出可行性评价
学时安排	3 学时	4 学时	3 学时	2 学时

四、实验内容与步骤

（一）搜集资料

撰写一份合格的项目投资可行性研究报告需要搜集的资料十分广泛，一般主要包括如下内容。

1. 政策背景

了解政策背景主要是了解和分析国家有关法规政策，判断未来可能发生的重大政策变化，以及与项目投资有关的税收、土地、资金、进出口许可等方面的优惠措施。

2. 经济形势

经济形势主要包括经济发展状况、经济发展水平、经济增长稳定性、经济结构和国家产业政策等。

3. 市场状况

市场状况包括产品在市场上的供求状况、市场容量和市场结构。在进行投资前，必须对项目投资所生产的产品的市场状况进行预测和分析。

4. 资源供应

在进行投资前，必须对项目所需的各种原材料、燃料等资源的供应情况、供应价格进行分析。

5. 建设方案

建设方案是指与投资项目相关的产品、材料、工艺、生产设备、组织结构、人力资源等。

6. 项目选址

项目选址考虑的方面包括与投资项目有关的地理位置、气候条件、自然条件等。

7. 基础设施

基础设施考虑的方面包括与投资项目有关的交通运输、通信设备、生活条件等。

（二）撰写项目可行性研究报告

可行性研究报告是在制订生产、建设或研究开发计划的前期，运用相关的科学技术和经济管理学科的原理，分析论证某个项目（新建或改建工程或某种研究或某项商务活动）切实可行而提出的一种书面报告。它是对拟开展项目的技术适用性、经济合理性进行综合研究。可行性研究报告要求以全面、系统的分析为主要方法，以经济效益为核心，围绕影响项目的各种因素，运用大量的数据资料论证拟建项目是否可行。在完成了对项目系统的可行性分析后，应对整个项目可行性研究做出综合分析评价，并提出建议。

1. 可行性研究报告的格式

一份完整的可行性研究报告通常是独立成册的，由首页、标题、前言、正文、结论、附件等部分组成。

1）首页：主要注明项目名称，项目主办单位及负责人，可行性研究单位名称，可行性研究的技术负责人，经济负责人、参加研究人员名单及报告完成日期等。

2）标题：一般直接注明可行性研究项目的名称和主要内容，如《××集团公司关于技术改造的可行性研究报告》。

3）前言：一般简要介绍项目研究的背景，项目实施的相关因素和主要目的、意义，可行性研究的主要依据和主要范围等。有些可行性研究报告还需要列出研究报告的相关摘要。

4）正文：是报告的主体，要求列举事实，运用系统分析方法，综合考虑各方面的因素，对项目的可行性做出客观、全面而准确的预测。不同类型的可行性研究报告在该部分通常具有不同的侧重点。

5）结论：在对项目进行可行性分析和预测的基础上，从整体角度做出科学评价，并与相关方案进行优劣比较，最终获得明确的行动主张。有时还提出一些更新原方案的建议。

6）附件：在可行性研究报告正文结束后补充的相关材料，主要包括试（实）验数据、计算浮标、图片表格、参考文献等。

2. 可行性研究报告的主要内容

由于各行业及项目性质不同，具体项目的可行性研究报告内容相差很大，但一般至少应该包括以下内容。

1）投资必要性：主要根据市场调查和分析预测的结果，以及有关的产业政策等因素，论证项目投资建设的必要性。

2）技术可行性：主要从项目实施的技术角度，合理设计技术方案，并进行比选和评价。

3）财务可行性：主要从项目及投资者的角度，设计合理的财务方案，从企业理财的角度进行资本预算，评价项目的财务盈利能力，进行投资决策，并从融资主体（企业）的角度评价股东投资收益、现金流量计划及债务清偿能力。

4）组织可行性：制订合理的项目实施进度计划、设计合理的组织机构、选择经验丰富的管理人员、建立良好的协作关系、制订合适的培训计划等，保证项目顺利执行。

5）经济可行性：主要是从资源配置的角度衡量项目的价值，评价项目在实现区域经济发展目标、有效配置经济资源、增加供应、创造就业、改善环境、提高人民生活等方面的效益。

6）社会可行性：主要分析项目对社会可能产生的影响，包括项目是否符合社会道德标准与现行法律法规，是否能解决某些社会问题并带来相应的社会价值，是否有助于提升企业的社会影响力等。

7）风险因素及对策：主要对项目的市场风险、技术风险、财务风险、组织风险、法律风险、经济及社会风险等进行评价，制定规避风险的对策，为项目全过程的风险管理提供依据。

（三）项目投资预算、资金筹措与投资计划

建设项目的投资估算和资金筹措分析是项目投资的重要内容，要估算项目所需要的投资总额，分析投资的筹措方式，并制订用款计划。

1. 估算项目总投资

建设项目不同，项目总体投资的估算也有所差异。一般而言，建设项目总投资的估算包括固定资产投资总额估算和流动资金投资估算。

（1）固定资产投资总额估算

固定资产投资总额由固定资产投资、建设期利息等组成，在可行性研究报告中要对这两项内容分别进行估算，并汇总形成固定资产投资总额。

1）固定资产投资的估算。固定资产投资通常包括以下内容。

① 工程费用：包括建筑工程费用、设备购置费用、安装工程费用、其他费用4项费用。可按主要生产工程、辅助生产工程、公用工程、服务及生活福利设施等分类分别计算。主要生产工程是指项目的主要生产过程所需的建筑和生产设备项目。辅助生产工程是指主要生产工程配套的工程项目。公用工程是指项目生产服务的工程，如循环水场、给排水管网、给水泵站及水池、消防设施、三"废"处理、输变电工程、电信工程、供热电气线路等。服务及生活福利设施包括办公楼、试验楼、职工宿舍、食堂、学校等。

② 其他费用：项目从筹建开始直到项目竣工投产以前整个实施时期的筹建费用，又称项目实施费用。其他费用按以下各项分别估算。

建设单位管理费是指筹建单位为进行项目筹建、建设、联合试运转、验收总结等工作所发生的管理费用，不包括应计入设备、材料预算价格的建设单位采购及保管设备、材料所需的费用。可以"单项工程费用"为基础，乘以按照工程项目的不同规模分别制定的建设单位管理费率来计算。

生产筹备费包括生产筹备人员费用和投产前进厂人员费用。

生产职工培训费是指项目在竣工验收、交付使用前拟建企业自行培训或委托其他企业培训技术人员、工人和管理人员所支出的费用，以及生产单位为参加施工，设备安装、调试，熟悉工艺流程和设备性能等需要提前进厂人员所支出的费用。该项费用可根据规划的培训人员数、提前进厂人数、培训方法、时间和职工培训费定额计算。

勘察设计费即委托勘察设计单位进行可行性研究、勘察设计，按规定应支付的费用，以及在规定范围内由建设单位进行勘察设计所需的费用。此项费用可按国家颁发的工程勘察设计收费标准和有关规定进行编制。

其他费用估算时，应说明各种费用的取费标准、定额，一般按国家和地区有关规定执行。

③ 预备费：分为基本预备费和涨价预备费两种费用。基本预备费又称工程建设不可预见费，是针对在项目实施过程中可能发生的难以预料的支出，需要事先预留的费用，也主要指设计变更及施工过程中可能增加工程量的费用。涨价预备费是对建设工期较长的投资项目，在建设期内可能发生的材料、人工、设备、施工机械等价格上涨，以及费率、利率、汇率等变化，而引起项目投资的增加，需要事先预留的费用，亦称价差预备费或价格变动不可预见费。涨价预备费以年度投资中第一部分费用（工程费用）为基础，

按国家有关部门发布的费率计算。

2）建设期利息估算。建设期利息是根据项目实施进度表所确定的基本建设资金来源、资金筹措方式、贷款利率及年度用款计划计算得出。在可行性研究报告中，建设期利息均按年计息，以复利计算，年利率视项目实际情况而定。假定借款发生当年在年中支用，按半年计息，还款当年也在年中偿还，按半年计息，其余各年按全年计息。按国家规定，建设期利息当年付清。

（2）流动资金投资估算

项目流动资金按其在生产过程中的作用，可以分为储备资金、生产资金、成品资金。除此之外，还有应收账款、预付账款、现金等组成的流动资金。可行性研究报告中流动资金的估算，按项目具体情况，可采用扩大指标估算法或分项详细估算法。扩大指标估算法，即参照同类生产企业流动资金占销售收入、经营成本、固定资产投资的比率及单位产量占流动资金的比率来确定流动资金。分项详细估算法，即按项目占用的储备资金、生产资金、成品资金，分别按年需用额及周转天数估算定额流动资金，按项目占用的应收账款、预付账款、现金等估算非定额流动资金。

项目总投资估算表如表 6.2 所示。

表 6.2　项目总投资估算表

序号	类别	金额
1	固定资产投资总额	
1.1	固定资产投资	
1.1.1	工程费用	
1.1.2	其他费用	
1.1.3	预备费	
1.2	建设期利息	
2	流动资金投资	
3	合计	

2. 筹措资金

一个建设项目所需要的投资资金，可以从多个来源渠道获得，在项目投资可行性研究报告中，应逐一说明每一种来源渠道的资金及其筹措方式，并附有必要的计算表格和附件。在可行性研究报告中，应对以下内容加以说明。

（1）资金来源

筹措资金首先必须了解各种可能的资金来源，如果筹集不到资金，即使投资方案再合理，也不能付诸实施。可能的资金来源渠道有财政拨款、自筹资金、国内银行贷款（固定资产贷款、专项贷款）、国外资金（国际金融组织贷款、国外政府贷款、赠款、商业贷款、出口信贷、补偿贸易）等。

在可行性研究报告中，要分别说明各种可能的资金来源、资金使用条件。利用贷款的，要说明贷款条件、贷款利率、偿还方式、最长偿还时间等。

（2）筹资方案

筹资方案是在对项目资金来源、建设进度进行综合研究后提出的。为保证项目有适宜的筹资方案，要对可能筹资方式的筹资成本、资金使用条件、利率和汇率风险等进行比较，寻求最优的筹资方案。

3. 制订投资使用计划

投资使用计划要考虑项目实施进度和筹资方案，保证相互衔接。

（1）投资使用计划表

固定资产投资按不同资金来源分年列出使用数额；流动资金的安排要考虑企业的实际需要，一般从投产第一年开始按生产负荷进行安排，并按全年计算利息。为了方便起见，在编制投资使用计划表时，有时也按照不同的投资项目来计算总投资的使用进度。资金筹措与投资使用计划表如表 6.3 所示。

表 6.3　资金筹措与投资使用计划表

序号	项目	年份			
		第一年	第二年	第三年	第四年
1	总投资				
1.1	工程前期费用				
1.2	工程费用				
1.3	其他费用				
1.4	建设期利息				
1.5	流动资金				
2	资金筹措				
2.1	自有资金				
2.2	银行贷款				
2.3	政府资金				

（2）借款偿还计划表

借款偿还计划是通过对项目各种还款资金来源的估算得出的，借款偿还计划的最长年限可以等于借款资金使用的最长年限。借款偿还计划表如表 6.4 所示。

表 6.4　借款偿还计划表

序号	项目	年份			
		第一年	第二年	第三年	第四年
1	借款及还本付息				
1.1	年初借款本金累计				
1.2	本年借款				
1.3	本年应计利息				
1.4	本年还本付息				
1.4.1	还本				

序号	项目	年份			
		第一年	第二年	第三年	第四年
1.4.2	付息				
2	还款资金来源				
2.1	未分配利润				
2.2	摊销成本				
2.3	固定资产折旧				
3	偿债覆盖率/%				

注:偿债覆盖率是指每年用于还款金额的资金来源与借款及还本付息额的比值,这一指标越高代表项目的偿债能力越强。

(四)项目投资的财务评价

对建设项目进行财务、经济效益评价,是判断项目在经济上是否可行,决定是否选择建设方案的主要依据之一,也是对建设项目进行投资决策的重要依据。在可行性研究报告中,财务、经济效益、社会效益评价的内容主要包括以下方面。

1. 成本、销售收入和销售费用估算

(1)成本估算

为了确定项目未来的生产经营和盈利情况,对项目的生产成本做出准确预测是可行性研究的重要内容。产品成本是指生产一定种类和数量的产品所发生的费用,它包括耗用的原料及主要材料、燃料、动力、工资、固定资产折旧费用及大修理费、低值易耗品、推销费用等。

成本估算时,其估算精确度要与投资估算相吻合。产品总成本是指项目建成后在一定时期内为生产和销售所有产品而花费的全部费用。产品总成本包括:①外购原材料及辅助材料费;②外购燃料动力费;③工资及福利费,福利费按工资总额的一定比例提取;④折旧及摊销费;⑤大修理基金;⑥销售税金及附加,包括成本中列支的税金及城市建设维护费、教育费附加等;⑦流动资金利息;⑧其他费用,包括计入成本的技术转让费及不属于以上项目的支出等。以上各项费用构成项目产品总成本。总成本扣除折旧及大修理基金和流动资金利息为经营成本。

单位成本是将总成本按不同消耗水平摊给单位产品的成本,它反映同类产品的费用水平。生产单一产品的项目以总成本除以设计生产能力即单位产品成本,生产多种产品的项目也可按项目成本计算单位成本。

(2)销售收入估算

根据预测的产品价格及设计生产能力,逐年计算产品销售收入,当有多种产品时,可分别计算多种产品的年销售收入并汇总计算年总销售收入。

产品价格预测要考虑产品产量、质量、同类产品目前价格水平,还要分析国际、国内市场价格变化趋势,国家物价政策变化、产品全社会供需变化等因素;降低生产成本

的措施和可能性；为扩大市场需采用的价格策略等。综合以上因素，预测产品可能的销售价格。

对拟增加出口的产品或替代进口产品，还要参照国际市场价格及变化趋势定价。若产品外销，则应附有关方面承诺外销的意向书。

（3）销售费用估算

销售费用包括建立销售机构、销售网点，培训销售人员，宣传产品，咨询及售后维修服务所产生的费用。在可行性研究报告中，应根据制订的产品销售计划，分别估算产品销售费用。对某些产品，销售费用在成本中占很大比例的，必须单列。

2. 财务评价

财务评价是根据国家现行财务和税收制度及现行价格，分析测算拟建项目未来的效益费用，以及考察项目建成后的获利能力、债务偿还能力及外汇平衡能力等财务状况，以判断建设项目在财务上的可行性，即从企业角度分析项目的盈利能力。财务评价采用动态分析与静态分析相结合的方法，以动态分析为主、静态分析为辅。评价的主要指标有内部报酬率、投资回收期、净现值、投资利润率、投资利税率等，以满足项目决策部门的需要。

财务评价指标根据财务报表的数据得出，主要财务报表有资产负债表、利润表、现金流量表、财务外汇平衡表。

用财务评价指标分别与相应的基准参数——财务基准收益率、行业平均投资回收期、平均投资利润率、投资利税率进行比较，以判别项目在财务上是否可行。

3. 不确定性分析

在对建设项目进行评价时，所采用的各种数据多数来自预测和估算。由于资料和信息来源的有限性，将来的实际情况可能与此有较大的出入，即评价结果具有不确定性，将为项目的投资决策带来风险。为了避免或尽可能减少这种风险，要分析不确定性因素对项目经济评价指标的影响，以确定项目在经济上的可行性。

根据分析内容和侧重面，不确定性分析可分为盈亏平衡分析、敏感性分析和概率分析。其中，盈亏平衡分析只用于财务评价，敏感性分析和概率分析可同时用于财务评价和国民经济评价。在可行性研究报告中，一般要进行盈亏平衡分析，敏感性分析和概率分析可视项目情况而定。

4. 国民经济评价

在对建设项目进行经济评价时，除了要从投资者的角度考察项目的盈利状况和借款偿还能力，还应从国家整体的角度考察项目对国民经济的贡献和需要国民经济付出的代价，即国民经济评价。国民经济评价既是项目经济评价的核心，又是决策部门取舍项目的重要依据。

五、实训案例

撰写项目可行性研究报告是一项复杂的工作，需要掌握工程建设、生产工艺、组织设计、财务评价、投资评价、经济预测、项目管理等多个领域的专业技能。因此，一份合格的项目可行性研究报告一定是由一个团队合作完成的。对于管理类专业的学生而言，需要重点掌握的是项目建设方案的制订与财务评价。

西部某出版集团数字出版产业基地项目的建设方案与财务评价

1. 项目建设方案

（1）确定项目的建设规模

在确定项目建设规模时，主要包括确定项目本身的生产规模和项目的建设用地规模两个方面。

项目生产规模的确定，主要取决于以下两个方面。①市场的需求水平和竞争态势。若市场需求较大，则项目的生产规模应较大，以有效地占领市场；反之，则项目生产规模应相应减少。同样，若项目的市场竞争比较激烈，则项目的生产规模可以相对减少；反之，则生产规模可以扩大。②项目的生产工艺。生产工艺在项目生产规模的确定过程中起着非常重要的作用，尤其是工业项目。尽可能地实现规模效应是项目生产规模选择的关键因素。

项目建设用地规模的确定，通常是在项目生产规模确定后，结合项目所在地对建筑工程的要求确定，主要的指标有容积率、绿化率和建筑高度等。一般来说，受生产工艺要求的限制，工业项目的容积率和绿化率要求相对较低。容积率和绿化率越高，项目的建设成本越高。就本项目而言，由于它是一个第三产业项目，对容积率和绿化率的要求较高，因此项目的建筑面积和绿化面积较大。

根据国家、地方文化产业政策及发展方向，结合企业自身资源及品牌优势，项目用地计划分为三步走：第一步，解决企业自身发展的用地空间及环境局限；第二步，整合出版集团上下游产业链，以出版集团为中心，发展六大出版传媒产业，形成立体传媒的发展态势；第三步，吸引战略合作伙伴，打造西部出版传媒产业基地，填补高新技术开发区文化产业的空白。

1）建设规模。

根据出版集团的整体规划，需要建设出版传媒大厦、创意研发大厦、会议中心、书城、文化会所等，用于引进出版集团及下属成员单位和相关战略合作伙伴企业。该规划项目需要征地 15 亩（1 亩≈666.67 平方米），建筑面积 70 000 平方米，总投资 51 160.82 万元，其中基建投资 31 160.82 万元，生产性投资 2 亿元，基建投资占总投资额的比例为 60.9%。

2）土地使用计划。

总体基建计划如表6.5所示。

表6.5　总体基建计划

面积/层高	项目							
	出版传媒大厦	创意研发大厦	会议中心	书城	文化会所	地面车位及辅助设施	地下停车场	绿化带
总面积/平方米	30 000	23 500	2 500	4 000	1 000	1657.25	9 000	3 600
层高/层	26	16	4	4	2		2	
占地面积/平方米	1 154	1 468.75	625	1 000	500	1 657.25	0	3 600

各建筑的具体用途及建设规划如下。

① 出版传媒大厦：集团总部占地5 000平方米，A出版社占地10 000平方米，B出版社占地3 000平方米，C出版社占地3 000平方米，F出版社占地3 000平方米，M出版社占地3 000平方米，S出版社占地3 000平方米。

② 创意研发大厦：报刊中心占地5 000平方米，社科图书研发中心占地1 500平方米，文艺图书研发中心占地1 500平方米，少儿图书研发中心占地1 500平方米，大众图书研发中心占地1 500平方米，科技图书研发中心占地1 500平方米，文化交流咨询公司占地1 500平方米，文化创意培训中心占地5 000平方米，对外交流与合作公司占地1 500平方米，版权服务公司占地1 500平方米，出版传媒编审服务公司占地1 500平方米。

③ 会议中心：大型多功能会议厅占地1 000平方米，中型会议室（5个）占地1 000平方米，小型会议室（9个）占地500平方米。

④ 书城：分4层，面积占地4 000平方米。

⑤ 文化会所：分2层，面积占地1 000平方米。

⑥ 地下停车场：按照高新区的规划设计要求，设计建设建筑面积占地9 000平方米的地下停车场。按每个车位3米×6米计算，共计500个车位。

⑦ 地面车位及辅助设施：本项目为出版传媒产业基地项目的零星配套用地，投资规模较小，为了简化起见，在投资估算时忽略不计。

⑧ 室外绿化工程：回填种植土、种植草皮及地被，垃圾清运等，面积3600平方米。

（2）确定项目的建设进度

项目的建设进度最主要的决定因素是工程的建设周期，建设周期应根据项目的建设要求加以确定。但是，在制作可行性研究报告时，有时也要综合考虑企业建设资金的筹集情况和市场的变化情况，合理安排建设进度。

本项目的建设资金，除了银行借款和自有资金，还有一部分资金需要借助未来企业收益来补充，因此项目的建设进度不能影响企业原有业务的正常运作。因此，本项目的建设进度和资金使用计划都应根据项目的资金来源进行相应的设计。

项目建设周期为30个月（不含项目前期工作）。建筑为由裙楼连接的两座高层建筑，层高为2~26层，建筑面积约为70 000平方米，采用钢筋混凝土框架结构，分别为出版传媒大厦、创意研发大厦，由出版集团总部、出版社、报社、期刊社及文化交流咨询公司、文化创意培训中心、对外交流与合作公司、版权服务公司、出版传媒编审服务公司、产品展示中心、书城、文化会所等使用。

项目实施进度如表 6.6 所示。

表 6.6　项目实施进度

项目	2014 年（7～12 月）	2015 年	2016 年	2017 年（1～6 月）
1. 前期工作：征地、可行性调研、规划设计	■			
2. 主体建设		■		
3. 主体装修			■	
4. 内部装修				■

2. 投资预算与资金筹措

项目投资预算是可行性研究报告编制的重要环节。预算编制的准确与否对项目的财务评价具有影响。根据可行性研究报告的性质，项目投资可以分为投资估算和投资预算。

投资估算通常是在项目前期可行性研究报告中进行，其目的是对项目的建设规模做出大概的估计，并不是精确地估计项目的工作量，只要不存在重大遗漏项目即可。

投资预算是项目实际运作的重要依据，要求对项目工作量的计算比较准确，因此投资预算编制的关键在于预算编制标准的选择。我国目前存在很多行业性的、技术性的国家标准和地方标准，在进行项目投资预算编制的过程中，需要选择适当的技术标准，以保证预算编制的准确性。

本项目实际是一个投资估算方案，从内容看主要包括基建投资和生产性投资两个部分。本项目的基建投资预算主要包括土地费用、工程前期费用、建安工程投资等的预算。生产性投资是以实物出资，因此没有具体列出预算明细。有关项目的取值标准，都是按照项目所在地的有关技术标准和相关法律法规加以确定的。

（1）投资估算原则和依据

投资估算时，应尽可能反映项目的实际情况，尽量符合节约和稳妥的原则，对于无法准确估算的项目要在预备费中考虑，要遵守政府相关职能部门的规定及要求。具体估算依据有《中华人民共和国土地管理法》（2004 年）、《工程勘察设计收费管理规定》（2002 年修订）、《工程勘察收费标准》（2002 年）、《工程设计收费标准》（2002 年）、《建设项目前期工作咨询收费暂行规定》（计价格〔1999〕1283 号）、《全国统一建筑安装工程预算定额》、《陕西省建筑工程综合概算定额》（1999 年）。

除此之外，还有建筑安装工程概算的技术经济指标、同类项目的投资情况等其他相关文件与规范。

（2）项目投资估算

本项目投资包括基建投资和生产性投资两个部分。

1）基建投资。

基建投资包括土地费用、建安工程费用、工程前期费用等。

①　土地费用：本项目总计需征地 15 亩，平均每亩地价 260 万元，合计 3 900 万元。

②　建安工程费用：根据《陕西省建筑工程综合概算定额》，结合西安市同类工程的实际造价，分别确定本项目单方造价。建安工程费用总计为 21 036 万元。出版传媒产业基地项目建安工程费用估算表如表 6.7 所示。

表 6.7　出版传媒产业基地项目建安工程费用估算表

序号	项目名称	建筑面积/米²	估算投资/万元	单方造价/（元/米²）	备注
1	出版传媒大厦	30 000	9 000	3 000	含相关配套设施
2	创意研发大厦	23 500	7 050	3 000	含相关配套设施
3	会议中心	2 500	750	3 000	含相关配套设施
4	书城	4 000	1 200	3 000	含相关配套设施
5	文化会所	1 000	300	3 000	含相关配套设施
6	地下停车场	9 000	2 700	3 000	含相关配套设施
7	室外绿化工程	3 600	36	100	
8	合计		21 036		

注：室外绿化面积不计入建筑面积。

③　工程前期费用：包括项目勘察设计费、市政公用设施配套费、电力入网费、热力入网费、规审费、工程监理费及其他费用。

勘察设计费：根据相关规定和标准，综合考虑工程复杂程度调整系数、专业调整系数以及市场行情，确定勘察设计费的标准为建安工程费用的 3%，金额为 630 万元。

城建费及配套设施费：征收标准如表 6.8 所示。

表 6.8　城建费及配套设施费征收标准

项目	计算依据	费用/万元	备注
市政公用设施配套费	按建筑面积计，140 元/米²	980	
电力入网费	按照有关规定，估计为固定资产投资总额的 1.2%	252	
热力入网费	按照有关规定，估计为固定资产投资总额的 3%	630	
总计		1862	

项目规审费：收费标准如表 6.9 所示。

表 6.9　项目规审费收费标准

序号	规审费用	按建安费比例/%	按建筑面积/（元/米²）	费用总额/万元
1	定额编制费	0.15		31.50
2	质量监督费	0.10		21.00
3	建筑规划费	0.30		63.00
4	招投标管理费	0.10		21.00
5	劳保统筹费	3.55		745.50
6	消防设施配套费		9	63.00

续表

序号	规审费用	按建安费比例/%	按建筑面积/（元/米^2）	费用总额/万元
7	抗震设计审查费		0.6	4.20
8	天然气初装费		28	196.00
9	自来水增容费		12	84.00
10	排污费		10	70.00
11	环卫费		1.5	10.50
	合计			1 309.70

工程监理费：按建安工程费用的 1.5% 计算，共计 315 万元。

建设管理费：按工程费用总额的 3% 计算，共计 686.94 万元。

预备费：综合考虑项目的基本预备费和涨价预备费，按建安工程费用和工程前期费用两项之和的 5.5% 收取，共计 1 421.18 万元。

2）生产性投资。

本项目的生产性投资主要由出版集团以自有资产出资，主要包括办公设备、生产设备、无形资产和流动资金。

① 办公设备主要包括计算机、办公用品、存货等，以 2013 年底会计报表账面价值计算，共计 2 000 万元。

② 生产设备主要包括各类生产所需的机器设备等，以 2013 年底会计报表账面价值计算，共计 1 000 万元。

③ 无形资产主要包括出版集团所拥有的版权、书号、期刊号等，参考同行业的估价标准，作价 10 000 万元。

④ 流动资金按照出版集团的运作需要，共计 7 000 万元。

综合前面各项的合计，项目总投资为 51 160.82 万元。

（3）资金的筹集方式与来源

1）工程建设资金筹措。

本项目由企业与政府共同出资，企业经营。项目总投资金额 51 160.82 万元，其中政府出资 5 000 万元，其余资金由企业自筹解决。出版集团以自有资产出资 39 160.82 万元，其中固定资产 3 000 万元，无形资产 10 000 万元，货币资金 26 160.82 万元；另外，银行贷款 7 000 万元。项目预计 30 个月完成。

2）资金分年度筹措使用计划。

根据本项目资金筹措和工程建设的情况，制定资金分年度筹措和投资使用计划表，如表 6.10 所示。

表 6.10　资金分年度筹措与投资使用计划表　　　　　单位：万元

序号	项目	年份			
		2014	2015	2016	2017
1	总投资	7 701.7	11 023.12	7 436	25 000
1.1	购买土地	3 900			
1.2	工程前期费用	3 801.7	2 423.12		
1.3	主体建设		8 600		
1.4	主体装修			7 436	
1.5	内部装修				5 000
1.6	企业入驻				20 000
2	资金筹措	8 000	11 000	8 000	24 160.82
2.1	自有资金	8 000	6 000	1 000	11 160.82
2.2	银行贷款			7 000	
2.3	政府资金		5 000		
2.4	非现金资产				13 000

3. 财务分析

建设项目分析评价是依据国家现行价格，分析计算项目的费用和效益，考察项目的获利能力、偿还债务能力等，借以判断该项目在效益上的可行性。

（1）设定基础数据

1）基准收益率。考虑资本成本、机会成本和一定的通货膨胀率，评估所参考的基准收益率。按商业性教育类项目，基准收益率取 15%［《建设项目经济评价方法与参数》（第三版）］。

2）费用估算，各项费用估算依据实际情况确定。

3）折旧年限，固定资产按 8 年计提折旧（其中办公设备按 2 年），无形资产按 10 年，建筑工程按 50 年计算，土地费用不单独在折旧中体现。

4）借款利息按短期借款利率 8% 计算。

5）管理费用按本项目实际情况和参考同类项目发生额进行测算。

6）2017 年 7 月 1 日以前，本项目适用的增值税税率为 13%，2017 年 7 月 1 日，增值税税率调整为 11%，因此，将 2017 年的增值税税率定为 12%。2018 年进一步下调为 10%，2019 年又调整为 9%。所得税税率为 25%，盈余公积按税后利润的 10% 提取。

7）基准点。以 2013 年底为基准点。

（2）预测项目的收入

销售收入预测是企业根据过去的销售情况，结合对市场未来需求的调查，对预测期产品销售收入所进行的预计和测算，用以指导企业经营决策和产销活动。

销售收入预测的时间需根据预测目的确定，若预测的目的在于评估企业销售的发展趋势，则预测时间应相对较长，如5年、10年等。此外，确定预测的时间，还应考虑环境的稳定性和资料的充分性。若环境稳定、资料充分，则预测时间可相对较长，反之则不宜太长，以确保预测的相对准确性和可靠性。

销售收入预测应以企业经营战略分析、会计分析、财务分析为基础，并要注意结合企业的以往表现、行业的历史情况。从统计分析看，很少有企业能在较长时期内增长率超过竞争者，并且大多数企业经过长期发展后，其销售收入增长率与行业销售收入增长率相近。如果企业销售收入增长率远高于行业平均水平，持续时间较长，就要注意进行合理性检验。

就本项目而言，本项目以企业最近一年的销售收入为基数，参考最近3年的企业销售收入增长率和预计未来的市场规模扩张速度。保守估计，以不高于市场平均增长速度为标准，综合考虑企业发展战略和市场竞争态势，进而得出销售收入的估计增长率。为了简化计算，假定在预计期内，销售收入保持平均增长。由于本项目建成后，企业将实现收入的多元化发展，但收入的主体仍然来自现有的出版发行业务，因此在以下收入预测中，以主营业务收入作为企业目前的销售收入。

以2013年底为收入测算的基数，参考2012年和2013年的财务报表。在项目建成前，设定主营业务收入的增长幅度为15%；项目建成后，主营业务收入的增长幅度会提升到25%。其他辅助收入参考其他同类企业的收入水平，设定收入增长幅度为10%。由于项目建设进度的原因，2017年的收入按50%计算，则收入测算表如表6.11所示。

表6.11　收入测算表 单位：万元

项目	年份							
	2017	2018	2019	2020	2021	2022	2023	2024
主营业务收入	45 290.52	113 226.29	141 532.87	176 916.08	221 145.10	276 431.38	345 539.22	431 924.03
租金收入	70.50	155.10	170.61	187.67	206.44	227.08	249.79	274.77
配套产业收入	175.00	385.00	423.50	465.85	512.44	563.68	620.05	682.05
其中：书城收入	150.00	330.00	363.00	399.30	439.23	483.153	531.4683	584.615 13
文化会所收入	25.00	55.00	60.50	66.55	73.205	80.525 5	88.578 05	97.435 855
合计	45 536.02	113 766.39	142 126.48	177 569.60	221 863.97	277 222.14	346 409.06	432 880.85

（3）预测项目的成本与费用

通过成本预测掌握未来的成本水平及其变动趋势，有助于减少决策的盲目性，使管理者易于选择最优方案，做出正确决策。需要说明的是，可行性研究中的成本与费用预测重点在于对未来成本与费用变化趋势的一种预测，而不是像企业日常管理当中的成本核算。

在可行性研究报告中，成本与费用的预测通常采取销售百分比法，将营业成本、流动资金、土地、厂房和设备等固定资产等项目与销售收入联系起来。为了简单起见，一般假定销售价格保持不变，因此其他变量都与销售量有关或依赖于销售量。

在预测结果出来后，应该核查一系列关键比率，以保证销售收入与成本费用项目预测的合理性。例如，毛利率出现大幅上涨，需要警惕预测出现偏差。随着收入的增加，一般管理费用开支应该保持相对稳定，因此营业利润率随之增大。

　　1）税金及附加测算。

　　根据财务分析中介绍的本项目适用的增值税税率，税金及附加测算具体情况如表 6.12 所示。由于租金收入、配套产业收入占总收入比重过小，为了简便起见，其税收忽略不计。

表 6.12　税金及附加测算 单位：万元

项目	2017 年	2018 年	2019 年	2020 年	2021 年	2022 年	2023 年	2024 年
增值税	1 746.44	3 643.40	4 103.74	5 135.09	6 424.82	8 037.58	10 054.18	12 575.65
城建维护税	122.25	255.04	287.26	359.46	449.74	562.63	703.79	880.30
教育费附加	52.39	109.30	123.11	154.05	192.74	241.13	301.63	377.27
合计	1 921.09	4 007.74	4 514.12	5 648.60	7 067.30	8 841.34	11 059.60	13 833.22

　　2）营业成本估算。

　　① 变动成本估算。以该出版集团 2012 年和 2013 年的相关财务数据为参照，经计算确定变动成本占销售收入的比例为 75%；生产人员工资及福利费用占变动成本的比例为 10%。

　　② 固定成本估算如表 6.13 所示。

表 6.13　固定成本估算

项目	初始投资额/万元	折旧年限/年	年折旧金额/万元
房地产折旧	31 161	50	623.22
生产设备折旧	1 000	8	125
办公设备折旧	2 000	2	1 000
无形资产摊销	10 000	10	1 000

注：为计算简便起见，这里假定固定资产预计残值为零。

　　3）各项费用估算。

　　① 销售费用：以出版集团 2012 年和 2013 年的相关财务数据为参照，经计算确定变动成本占销售收入的比例为 3%。

　　② 管理费用：以出版集团 2012 年和 2013 年的相关财务数据为参照，根据公司的实际经营状况，简便起见，确定管理费用占销售收入的比例为 15%。

　　③ 财务费用：本项目的资金主要来自出版集团的自有资金。在项目建设的第三年，为了在不影响出版集团正常运作的前提下保证项目顺利进行，拟进行短期借款 7 000 万元，期限一年，以年利率 8% 测算，在 2017 年会产生财务费用 560 万元。

　　各项成本费用估算如表 6.14 所示。

表 6.14　成本费用估算　　　　　　　　　　单位：万元

项目	年份							
	2017	2018	2019	2020	2021	2022	2023	2024
固定资产折旧	374.11	748.22	748.22	748.22	748.22	748.22	748.22	748.22
办公设备折旧	500.00	1 000.00	500.00	0.00	0.00	0.00	0.00	0.00
无形资产摊销	500.00	1 000.00	1 000.00	1 000.00	1 000.00	1 000.00	1 000.00	1 000.00
固定成本小计	1 374.11	2 748.22	2 248.22	1 748.22	1 748.22	1 748.22	1 748.22	1 748.22
原材料	30 736.81	76 792.31	95 935.71	119 859.48	149 758.18	187 124.94	233 826.11	292 194.57
员工工资及福利费	3 415.20	8 532.48	10 659.52	13 317.72	16 639.80	20 791.66	25 980.68	32 466.06
变动成本小计	34 152.01	85 324.79	106 595.23	133 177.20	166 397.98	207 916.60	259 806.79	324 660.64
营业成本合计	35 526.12	88 073.01	108 843.45	134 925.42	168 146.20	209 664.82	261 555.01	326 408.85
销售费用	1 366.08	3 412.99	4 263.81	5 327.09	6 655.92	8 316.66	10 392.27	12 986.43
管理费用	6 830.40	17 064.96	21 319.05	26 635.44	33 279.60	41 583.32	51 961.36	64 932.13
财务费用	560.00	0.00	0.00	0.00	0.00	0.00	0.00	0.00
各项费用合计	8 756.48	20 477.95	25 582.86	31 962.53	39 935.52	49 899.98	62 353.63	77 918.56

（4）进行项目的财务评价

可行性研究报告中的财务评价通常包括财务结论和风险分析两个部分。

在财务结论方面，使用最普遍的指标有投资收益率、投资利税率、内部报酬率、净现值、静态投资回收期、动态投资回收期等。根据项目的具体情况和要求，还可以增加其他指标，以更全面地反映项目的财务评价结果。

在风险分析方面，由于可行性研究报告的投资预算与财务分析注重趋势预测而不是准确核算，因此，财务估计值与实际发生的情况往往存在一定的偏差。在财务评价中，风险分析通常采用敏感性分析和盈亏平衡点分析。敏感性分析一般包括收入敏感性分析、成本敏感性分析、项目投资总额敏感性分析 3 个方面，以揭示可能存在的风险及主要的敏感因素。

1）财务评价的依据。

① 由投资项目可行性研究指南编写组编写、中国电力出版社出版的《投资项目可行性研究指南》（试用版）。

② 发改委、原中华人民共和国建设部（现为住房和城乡建设部）编写的《关于建设项目经济评价的若干规定》。

③ 发改委、原中华人民共和国建设部（现为住房和城乡建设部）编写的《建设项目经济评价方法与参数》（第三版）。

2）财务效益分析。

根据前面的基础数据资料，编制投资估算表、资产负债表、利润表、现金流量表，如表 6.17～表 6.18 所示。出版传媒产业基地项目的财务效益分析如下。

① 总投资为 51 160.82 万元。

② 年平均净收益为 9 578.63 万元。

③ 投资利润率为 19%。

④ 投资利税率为 39%。

⑤ 内部报酬率为 24.6%。

⑥ 静态投资回收期（包括 3 年建设期）为 7 年。

⑦ 动态投资回收期（包括 3 年建设期）为 8.7 年。

出版集团以部分实物和无形资产出资，因此项目的内部报酬率要大于投资利润率；出版集团主要缴纳的税种是增值税，因此项目的投资利税率要远大于投资利润率。内部报酬率为 24.6%，大于基准收益率（15%），投资回收期小于项目的经济寿命期。综合来看，该项目可行，具有较好的经济效益和社会效益。

表 6.15　项目基本建设总投资估算表

单位：万元

序号	工程或费用名称	土地投入	工程费	其他费用	合计
	第一部分　工程费用				
1	建筑安装费		21 000.00	0.00	21 000.00
2	室外绿化工程费		36.00	0.00	36.00
3	城建费		980.00	0.00	980.00
4	电力入网费		252.00		252.00
5	热力入网费		630.00		630.00
	小计	0	22 898.00	0.00	22 898.00
	第二部分　其他费用				
1	设计费			630.00	630.00
2	规审费			1 309.70	1 309.70
3	建设单位临时设施费				0.00
4	工程监理费			315.00	315.00
5	管理费			686.94	686.94
	小计	0.00		2 941.64	2 941.64
	第一、二部分合计	0	22 898.00	2 941.64	25 839.64
	第三部分　预备费				
1	基本预备费			1 421.18	1 421.18
	小计	0	0.00	1 421.18	1 421.18
	第四部分　土地投入				
1	土地使用费	3 900.00			3 900.00
	小计	3 900.00		0.00	3 900.00
	合计	3 900.00	22 898.00	4 362.82	31 160.82

表 6.16　项目预计资产负债表

单位：万元

项目	2017 年	2018 年	2019 年	2020 年	2021 年	2022 年	2023 年	2024 年
资产								
流动资产								
货币资金	2 328.72	8 873.34	16 627.64	26 087.91	37 798.44	52 321.23	70 358.75	92 789.00
流动资产合计	2 328.72	8 873.34	16 627.64	26 087.91	37 798.44	52 321.23	70 358.75	92 789.00
固定资产								
固定资产原价	34 160.82	33 786.71	32 038.50	30 790.28	30 042.06	29 293.85	28 545.63	27 797.41
减：累计折旧	374.11	1 748.22	1 248.22	748.22	748.22	748.22	748.22	748.22
固定资产净值	33 786.71	32 038.50	30 790.28	30 042.06	29 293.85	28 545.63	27 797.41	27 049.20
固定资产合计	33 786.71	32 038.50	30 790.28	30 042.06	29 293.85	28 545.63	27 797.41	27 049.20
无形资产								
无形资产原值	10 000.00	9 000.00	8 000.00	7 000.00	6 000.00	5 000.00	4 000.00	3 000.00
减：累计折旧	1 000.00	1 000.00	1 000.00	1 000.00	1 000.00	1 000.00	1 000.00	1 000.00
无形资产净值	9 000.00	8 000.00	7 000.00	6 000.00	5 000.00	4 000.00	3 000.00	2 000.00
资产总计	45 115.43	48 911.83	54 417.92	62 129.97	72 092.28	84 866.86	101 156.16	121 838.19
负债及股东权益								
流动负债	145.54	303.62	341.98	427.92	535.40	669.80	837.85	1 047.97
应交税金	145.54	303.62	341.98	427.92	535.40	669.80	837.85	1 047.97
非流动负债								
长期借款								
负债合计	145.54	303.62	341.98	427.92	535.40	669.80	837.85	1 047.97
股东权益								
股本	44 160.82	44 160.82	44 160.82	44 160.82	44 160.82	44 160.82	44 160.82	44 160.82
盈余公积金	80.91	444.74	991.51	1 754.12	2 739.61	4 003.62	5 615.75	7 662.94
未分配利润	728.17	4 002.66	8 923.61	15 787.10	24 656.46	36 032.62	50 541.74	68 966.46
股东权益合计	44 969.90	48 608.21	54 075.94	61 702.05	71 556.88	84 197.06	100 318.31	120 790.22
负债及股东权益总计	45 115.43	48 911.83	54 417.92	62 129.97	72 092.28	84 866.86	101 156.16	121 838.19

表 6.17　项目预计利润表

单位：万元

项目	2017 年	2018 年	2019 年	2020 年	2021 年	2022 年	2023 年	2024 年
一、销售收入	45 536.02	113 766.39	142 126.98	177 569.60	221 863.97	277 222.14	346 409.06	432 880.85
减：销售成本	35 526.12	88 073.01	108 843.45	134 925.42	168 146.20	209 664.82	261 555.01	326 408.85
销售税金及附加	174.64	364.34	410.37	513.51	642.48	803.76	1 005.42	1 257.57
二、销售利润	9 835.25	25 329.04	32 873.15	42 130.67	53 075.30	66 753.56	83 848.63	105 214.43
减：销售费用	1 366.08	3 412.99	4 263.81	5 327.09	6 655.92	8 316.66	10 392.27	12 986.43
管理费用	6 830.40	17 064.96	21 319.05	26 635.44	33 279.60	41 583.32	51 961.36	64 932.13
财务费用	560.00	0.00	0.00	0.00	0.00			
三、营业利润	1 078.77	4 851.09	7 290.30	10 168.15	13 139.78	16 853.58	21 495.00	27 295.88
四、利润总额	1 078.77	4 851.09	7 290.30	10 168.15	13 139.78	16 853.58	21 495.00	27 295.88
减：所得税	269.69	1 212.77	1 822.57	2 542.04	3 284.94	4 213.39	5 373.75	6 823.97
五、净利润	809.08	3 638.32	5 467.72	7 626.11	9 854.83	12 640.18	16 121.25	20 471.91
减：提取法定盈余公积	80.91	363.83	546.77	762.61	985.48	1 264.02	1 612.12	2 047.19
六、可分配利润	728.17	3 274.49	4 920.95	6 863.50	8 869.35	11 376.16	14 509.12	18 424.72

115

单位：万元

表 6.18　项目预计现金流量表

项目	2014 年	2015 年	2016 年	2017 年	2018 年	2019 年	2020 年	2021 年	2022 年	2023 年	2024 年
一、经营活动产生的现金流量											
销售商品、提供劳务收到的现金				45 465.52	113 611.29	141 956.37	177 381.93	221 657.54	276 995.06	346 159.27	432 606.08
收取的租金				70.50	155.10	170.61	187.67	206.44	227.08	249.79	274.77
增值税净流入				145.54	158.08	38.36	85.95	107.48	134.40	168.05	210.12
经营活动现金流入小计				45 681.55	113 924.47	142 165.34	177 655.55	221 971.45	277 356.53	346 577.11	433 090.97
购买商品接受劳务支付的现金				30 736.81	76 792.31	95 935.71	119 859.48	149 758.18	187 124.94	233 826.11	292 194.57
支付给职工以及为职工支付的现金				3 415.20	8 532.48	10 659.52	13 317.72	16 639.80	20 791.66	25 980.68	32 466.06
支付的所得税款				269.69	1 212.77	1 822.57	2 542.04	3 284.94	4 213.39	5 373.75	6 823.97
支付的各项税费				174.64	364.34	410.37	513.51	642.48	803.76	1 005.42	1 257.57
支付的其他与经营活动有关的现金				8 196.48	20 477.95	25 582.86	31 962.53	39 935.52	49 899.98	62 353.63	77 918.55
经营活动现金流出小计				42 792.83	107 379.86	134 411.04	168 195.28	210 260.92	262 833.74	328 539.59	410 660.72
经营活动产生的现金流量净额				2 888.72	6 544.61	7 754.30	9 460.27	11 710.53	14 522.79	18 037.52	22 430.25
二、投资活动产生的现金流量											
购建固定无形和长期资产支付的现金	3 900.00	8 600.00	7 436.00	5 000.00	0.00	0.00	0.00	0.00	0.00	0.00	0.00
支付的其他与投资活动有关的现金	3802	2 423.12			0.00	0.00	0.00	0.00	0.00	0.00	0.00
投资活动现金流出小计	7 701.7	11 023.1	7 436.0	5 000.0	0.00	0.00	0.00	0.00	0.00	0.00	0.00
投资活动产生的现金流量净额	7 701.7	11 023.1	7 436.0	5 000.0	0.00	0.00	0.00	0.00	0.00	0.00	0.00
三、筹资活动产生的现金流量											
银行借款			7 000.00								
吸收权益性投资所收到的现金		5 000.00			0.00	0.00	0.00	0.00	0.00	0.00	0.00
筹资活动现金流入小计		5 000.00	7 000.00	0.00	0.00	0.00	0.00	0.00	0.00	0.00	0.00
筹资活动现金流出小计				7 560.00	0.00	0.00	0.00	0.00	0.00	0.00	0.00
筹资活动产生的现金流量净额		5 000.00	7 000.00	-7 560.00	0.00	0.00	0.00	0.00	0.00	0.00	0.00
五、现金及现金等价物净增加额	7 701.7	6 023.1	436.0	9 671.3	6 544.6	7 754.3	9 460.3	11 710.5	14 522.8	18 037.5	22 430.2

3）财务敏感性分析。

财务敏感性计算分析如表6.19所示。

表 6.19　财务敏感性计算分析

年份	单位变动成本增长 5%		收入增长 5%		投资总额增加 5%	
	利润变动/%	敏感系数	利润变动/%	敏感系数	利润变动/%	敏感系数
2017	-108.66	-21.73	215.58	43.12	-3.36	-0.672
2018	-90.31	-18.06	120.41	24.08	-1.26	-0.252
2019	-75.19	-15.04	100.25	20.05	-0.40	-0.08
2020	-67.14	-13.43	89.52	17.9	-0.30	-0.06
2021	-64.84	-12.97	86.46	17.29	-0.23	-0.046
2022	-63.12	-12.62	84.16	16.83	-0.17	-0.034
2023	-61.80	-12.36	82.40	16.48	-0.13	-0.026
2024	-60.79	-12.16	81.05	16.21	-0.10	-0.02

从表 6.19 中可以发现，项目效益对营业收入与单位变动成本的变化较为敏感，而营业收入的敏感度相对于单位变动成本而言更为重要。随着项目的持续推进，无论是营业收入还是单位变动成本的敏感度都在减弱，项目效益日趋稳定。从表 6.14 可知，原材料费用占变动成本的比例约为 90%，因此保持原材料价格稳定是稳定单位变动成本的关键措施。营业收入与出版传媒市场的变化密切相关，而西部某省浓厚的文化底蕴及出版传媒业的发展势头强劲，必将使本项目的经营收益增加。

投资总额对项目收益的影响较小。由于本项目在投资估算中资金估算充足，有足够的预备费，只要项目设计科学合理，投资总额的变化就不会对本项目的财务效益产生重大的影响。

从敏感性分析的结果看，该项目属于文化服务产业，风险主要来源于收入与成本价格的变动，加强科学管理和制定、实施合理的营销策略，是降低风险的有效方法。故本项目具有一定的抗风险能力。

4）盈亏平衡分析。

盈亏平衡点计算分析如表6.20所示。

表 6.20　盈亏平衡点计算分析

年份	销售收入/万元	变动成本总额/万元	费用总额/万元	贡献毛益/万元	贡献毛益率/%	盈亏平衡点/%（生产能力）
2017	45 536.016 84	34 152.012 63	8 756.483 032	2 627.521 18	5.77	52.30
2018	113 766.392 1	85 324.794 08	20 477.950 58	7 963.647 45	7	34.51
2019	142 126.975 1	106 595.231 4	25 582.855 52	9 948.888 26	7	22.60
2020	177 569.602 4	133 177.201 8	31 962.528 44	12 429.872 2	7	14.06
2021	221 863.974 9	166 397.981 2	39 935.515 48	15 530.478 2	7	11.26

续表

年份	销售收入/万元	变动成本总额/万元	费用总额/万元	贡献毛益/万元	贡献毛益率/%	盈亏平衡点/%（生产能力）
2022	277 222.137 6	207 916.603 2	49 899.984 77	19 405.549 6	7	9
2023	346 409.058	259 806.793 5	62 353.630 44	24 248.634 1	7	7.21
2024	432 880.847	324 660.635 3	77 918.552 46	30 301.659 3	7	5.77

从上面的盈亏平衡分析可以看出，本项目除了前两年盈亏平衡点较高以外，随着企业的发展，盈亏平衡点出现大幅下降，具有较高的抗风险能力。即使未来发生销售收入大幅下降的情况，本项目依然可以保持较大的盈利空间，仍具有较高的抗风险能力。

六、实训练习

"A市文化公园"项目简介

"A市文化公园"项目是A市政府确立的集专题博物馆、民俗文化、文物市场、广场艺术、传统工艺、旅游商品、主题广场、地方曲艺为一体的城市文化休闲娱乐中心，通过开发管理，促进陕西省对多样化文化资源的梳理、发掘、开发、利用，积累全省的文化资本总量，为全省文化产业集群化、链条化提供重要平台。

"A市文化公园"项目对A市景观系统、城市文脉、城市传统格局、街巷尺度等的完善和提升有着重要的战略意义，它将成为全面展示A市传统文化的特色旅游长廊。A市文化公园既是A市传统历史文化展示区，也是特色文化旅游景观区，是构建"山水绿色A"的重要组成部分，其恢复重建对于构建"山水绿色A"战略目标的最终实现起到了不可或缺的作用。该项目在恢复和保持传统都市生活形态的基础上，延续城市生活层面的传统，该项目的建成必将全面提升居民居住环境和生活质量。该项目以城市文脉为基本载体，从器物、行为、习俗习惯、观念信仰等4个层面塑造A市历史文化，将成为展示A市特色品牌和文化个性的名片。

近30年来，A市的旅游经济取得了长足的发展。2018年旅游人数超过300万，每年以30%的速度递增，旅游收入成为A市财政收入的重要来源之一。但A市的旅游也存在旅游产品单一、游客停留时间短、市场结构不合理、旅游大环境欠佳等问题。随着文化休闲经济时代的到来，人们的游憩方式发生了很大的变化，文化与旅游的结合越来越受到广泛的关注，尤其是文化休闲方式受到广大市民的追捧。A市文化公园以其新颖、独特的展示、娱乐方式满足了现代旅游发展潮流的趋势及城市居民文化休闲的新需求。

本项目的开发有助于优化A市旅游产品结构，延长游客滞留时间，培育旅游产业链，起到繁荣A市旅游经济的作用。

1. 项目投资估算

（1）用地规模

各项目用地规模及占比如表 6.21 所示。

表 6.21　各项目用地规模及占比

项目	用地规模/米²	占比/%
总面积	145 320.00	100.00
道路广场面积	16 876.00	11.60
建筑占地面积	28 852.00	19.85
建筑面积	57 695.00	
水域面积	26 596.00	18.32
绿地面积	72 996.00	50.23

由于本项目具有一定的公益性质，土地出让金合计为 500 万元。

（2）工程造价估算

工程造价估算表具体如表 6.22 所示。

表 6.22　工程造价估算表

序号	工程项目	单位	数量	单价/元	合计/万元	备注
1	室外总体工程				2 695.281	2～6 项合计
2	土方工程	米³	255 456	25	638.64	
3	水系工程	米²	26 621	250	665.525	
4	道路广场	米²	16 876	150	253.14	
5	绿化工程	米²	72 996	60	437.976	
6	电气及给排水工程				700	
	电气工程				300	
	给排水工程				400	
7	入口区项目				5 020.2	8～13 项合计
8	南门建筑	米²	1 240	1 800	223.2	商业
9	临街商业	米²	3 460	1 800	622.8	商业
10	四知堂	米²	3 774	1 800	679.32	管理处
11	养生堂	米²	8 130	1 800	1 463.4	商业
12	北门牌楼	米²	324	1 800	58.32	
13	购物中心	米²	10 677	1 800	1 921.86	商业
	西门及管理间	米²	285	1 800	51.3	包括卫生间
14	公园单体项目				1 764.596	15～32 项合计
15	感应喷泉	座	1	600 000	60	
16	沉香阁	米²	762	180	13.716	
17	荷亭	座	1	200 000	20	

续表

序号	工程项目	单位	数量	单价/元	合计/万元	备注
18	华文化标志	座	1	3 000 000	300	混凝土挂石材
19	水舞表演设备	套			400	
20	雕塑	座	5	200 000	100	
21	石狮驮宝瓶	座	1	500 000	50	
22	手谈舫	米²	350	1 800	63	
23	运动康体设备	套	1	800 000	80	
24	博物馆	米²	1 730	1 800	311.4	
25	民俗文化广场	套			30	
26	少儿游戏场	套			50	
27	桃花园	套			30	
28	桥	座	5	300 000	150	
29	临水六角亭	座	1	200 000	20	
30	临水廊架	米²	170	400	6.8	
31	叠石工程	方	900	800	72	
32	卫生间	米²	192	400	7.68	
33	商业小区	米²	26 640	1 800	4 795.2	商业
34	小计				14 275.277	1+7+14+33 项合计
35	零星工程			3%	428.258 31	预计为第 34 项的 3%
36	工程总造价				14 703.535 31	

（3）项目建设进度安排与资金筹措

项目建设期安排为 2 年。

资金筹措：银行借款 12 000 万元，期限 3 年，第一年 6 000 万元，第二年 6 000 万元，贷款利率为 5.76%；其余资金由企业自筹。

2. 收入预测

"A 市文化公园"是具有一定公益性质的城市基础设施项目，采取企业建设、政府与企业共同运营的方式。项目收入主要来源于以下两个方面。

1）项目建成后的公益部分，政府以成本价从开发商处回购。

2）为了弥补开发商的建设成本，允许开发商将项目中的商业建筑对外出售。参考项目所在地的市场价格，估计本项目的市场销售价格为 4 000 元/米²。销售期预计为 3 年，第一年 30%，第二年 40%，第三年 30%。

3. 工程前期费用

1）勘察设计费：综合考虑工程复杂程度调整系数、专业调整系数及市场行情，确定勘察设计费的标准为工程造价费用的 3%，金额约为 441.11 万元。

2）城建费及配套设施费：征收标准如表 6.23 所示。

表 6.23 城建费及配套设施费征收标准

项目	计算依据	费用/万元	备注
市政公用设施配套费	按照有关规定，估计为固定资产投资总额的2%	294.07	
电力入网费	按照有关规定，估计为固定资产投资总额的1.2%	176.44	
热力入网费	按照有关规定，估计为固定资产投资总额的2.4%	352.88	
总计		823.39	

3）项目规审费：收费标准如表 6.24 所示。

表 6.24 项目规审费收费标准

序号	规审费用	按工程造价比例/%	按建筑面积/（元/米²）	费用总额/万元
1	定额编制费	0.15		22.06
2	质量监督费	0.10		14.70
3	建筑规划费	0.30		44.11
4	招投标管理费	0.10		14.70
5	劳保统筹费	3.55		521.98
6	消防设施配套费		9	51.93
7	抗震设计审查费		0.6	3.46
8	天然气初装费		28	161.55
9	自来水增容费		12	69.23
10	排污费		10	57.70
11	环卫费		1.5	8.65
	合计			970.07

4）工程监理费：按工程造价费用的1.5%计算，共计约 220.55 万元。

5）建设管理费：按工程造价费用的2%计算，共计约 294.07 万元。

6）预备费：综合考虑项目的基本预备费和涨价预备费，按工程造价费用和工程前期费用两项之和的3%收取，共计约 521.23 万元。

实训要求：

根据以上资料，完成如下工作。

1）编制项目预计5～8年的有关收入、成本费用计算表。

2）编制项目预计5～8年的资产负债表、利润表及现金流量表。

3）计算财务指标，进行可行性评价。

实验七 营运资金管理模拟实验

一、实验目的

通过本实验，学生能够巩固现金、应收账款、存货管理的基本理论和知识，从而掌握确定货币资金最佳持有量的方法，制定适当的收账政策，确定最优经济订货批量决策，培养运用 Excel 软件进行决策分析的能力。

二、实验流程

1）熟悉现金管理的目的和持有现金的动机，运用 Excel 电子表格计算存货模式下的最佳现金持有量，如图 7.1 所示。

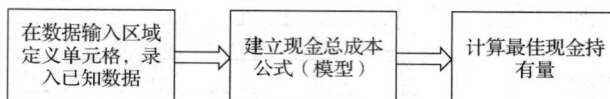

```
┌──────────────┐     ┌──────────────┐     ┌──────────────┐
│ 在数据输入区域 │     │ 建立现金总成本 │     │ 计算最佳现金持 │
│ 定义单元格，录 │ ──> │ 公式（模型）  │ ──> │ 有量          │
│ 入已知数据    │     │              │     │              │
└──────────────┘     └──────────────┘     └──────────────┘
```

图 7.1 计算最佳现金持有量

2）熟悉应收账款的成本内容和确定最佳信用政策，运用 Excel 电子表格比较各种决策方案（模型），如图 7.2 所示。

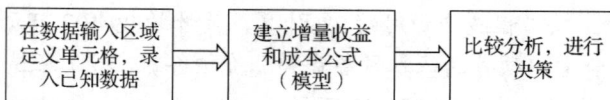

```
┌──────────────┐     ┌──────────────┐     ┌──────────────┐
│ 在数据输入区域 │     │ 建立增量收益  │     │ 比较分析，进行 │
│ 定义单元格，录 │ ──> │ 和成本公式    │ ──> │ 决策          │
│ 入已知数据    │     │（模型）       │     │              │
└──────────────┘     └──────────────┘     └──────────────┘
```

图 7.2 比较各种决策方案

3）熟悉出、入库和库存管理的要点以及存货管理的成本，运用 Excel 电子表格计算存货经济批量和最低总成本，如图 7.3 所示。

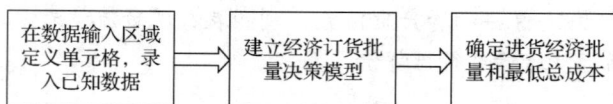

```
┌──────────────┐     ┌──────────────┐     ┌──────────────┐
│ 在数据输入区域 │     │ 建立经济订货批 │     │ 确定进货经济批 │
│ 定义单元格，录 │ ──> │ 量决策模型    │ ──> │ 量和最低总成本 │
│ 入已知数据    │     │              │     │              │
└──────────────┘     └──────────────┘     └──────────────┘
```

图 7.3 确定进货经济批量和最低总成本

三、实验时间

本实验 12 学时，每学时 50 分钟。可以根据实验需要、专业特点等进行适当调整。

实验内容及学时安排如表 7.1 所示。

表 7.1 实验内容及学时安排

实验内容	现金管理	应收账款管理	存货管理
学时安排	4 学时	4 学时	4 学时

四、实验内容与步骤

据调查，公司财务经理的 60% 的时间用于进行营运资金的日常管理。营运资金的日常管理是企业不容忽视的问题。从资金占用角度看，营运资金是各项流动资产之和，其中主要是现金、应收账款和存货等；从资金来源角度看，营运资金通常情况下由流动负债构成。流动资产价值转移和回收不仅是维持企业生产的基本条件，还是偿还流动负债的保障。因此，对流动资产的管理显得尤为重要。

（一）现金管理

现金是指在企业生产经营过程中处于货币形态的那部分资金，按其形态和用途可分为库存现金、银行存款和其他货币资金。现金是企业中最活跃的资金，流动性较强，是企业的重要支付手段和流通手段，因此是流动资产的管理重点。

1. 现金管理的目标

现金是企业资产中流动性最强的资产，持有一定数量的现金是企业开展正常生产活动的基础，是保证企业避免支付危机的必要条件。同时，现金是获利能力最弱的一项资产，过多地持有现金会降低资产的获利能力。因此，现金管理的目标在于权衡现金的流动性和收益性，既要使企业有足够的资金来满足各种必要的开支，又要将闲置资金减少到最低程度。

2. 持有现金的动机

英国经济学家约翰·梅纳斯·凯恩斯（John Maynard Keynes）认为，企业持有现金出于 3 种动机，主要是满足交易性需要、预防性需要和投机性需要，具体如表 7.2 所示。

表 7.2 持有现金的动机

动机	含义	影响因素
交易性需要	为了维持日常周转及正常商业活动所需持有的现金	1）收入和支出数额是否相等 2）收入和支出时间是否匹配
预防性需要	为应对突发事件而持有的现金	1）企业愿冒缺少现金风险的程度 2）企业预测现金收支的可靠程度 3）企业临时融资的能力
投机性需要	为了抓住不寻常的获利机会而持有的现金	预计出现的获利机会的多少

3. 最佳现金持有量的确定

基于交易、预防、投机等动机的需要，企业必须保持一定数量的现金持有量。确定最佳现金持有量的模式主要有成本分析模式、存货分析模式和现金周转模式。

（1）成本分析模式

成本分析模式是根据现金有关成本，分析预测其总成本最低时现金持有量的一种方法。企业持有的现金将会有 3 种成本。

1）机会成本。现金作为企业的一项资金占用，是有代价的，这种代价就是它的机会成本。现金资产的流动性极佳，但盈利性极差。持有现金则不能将其投入生产经营活动，失去因此而获得的收益。企业为了经营业务，有必要持有一定的现金，以应付意外的现金需要。但现金拥有量过多，机会成本会大幅度上升。

2）管理成本。企业拥有现金会发生管理费用，如管理人员工资、安全措施费等。这些费用是现金的管理成本。管理成本是一种固定成本，与现金持有量之间无明显的比例关系。

3）短缺成本。现金的短缺成本是因缺乏必要的现金，不能应付业务开支所需，而使企业蒙受损失或为此付出的代价。现金的短缺成本随现金持有量的增加而下降，随现金持有量的减少而上升。

运用成本分析模式确定现金最佳持有量时，只考虑因持有一定量的现金而产生的机会成本及短缺成本，而不考虑管理费用和转换成本。在该模式下，最佳现金持有量就是持有现金而产生的机会成本与短缺成本之和最小时的现金持有量，如图 7.4 所示。

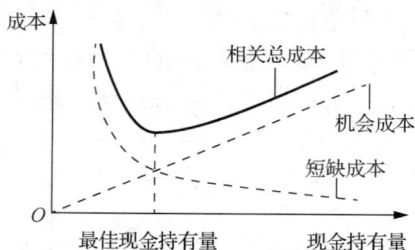

图 7.4　成本分析模式

从图 7.4 可以看出，机会成本与现金持有量呈正相关，短缺成本与现金持有量呈负相关，使得总成本曲线呈抛物线型，抛物线的最低点即为成本最低点，此时，机会成本直线和短缺成本曲线相交，两种成本取值相等，该点所对应的现金持有量便是最佳现金持有量。

运用成本分析模式确定最佳现金持有量的步骤如下：①根据不同现金持有量测算并确定有关成本数值；②按照不同现金持有量及其有关成本资料编制最佳现金持有量测算表；③在测算表中找出总成本最低时的现金持有量，即最佳现金持有量。

（2）存货分析模式

存货分析模式又称鲍曼模式（Baumol model），该模式的理论依据是企业的现金持有量类似于存货，因此可以借用存货的经济订货批量模型来确定企业的最佳现金持有量。持有现金的机会成本与现金持有量成正比，现金的转换（即买卖有价证券）成本则与现金和有价证券的转换次数密切相关。在全年现金需求总量一定的情况下，现金持有量越大，现金和有价证券的转换次数就越少。因此，现金的持有成本与转换成本呈反方向变化。两者成本之和最低时的现金持有量为最佳现金持有量。

存货模式的基本假设：①企业所需的现金可通过证券变现取得，且证券变现的不确定性很小；②企业预算期内现金需要总量可以预测；③现金支出比较稳定、波动性较小；④证券的利率及每次固定性交易费用可以确定。

如果满足以上这些假设条件，其现金管理总成本公式为

$$总成本（C）=持有现金机会成本+转换现金（证券交易）成本$$
$$=现金平均余额×有价证券利率+变现次数$$
$$×有价证券每次交易的固定成本$$
$$=Q/2×R+T/Q×F$$
$$最佳现金持有量（Q^*）=\sqrt{2FT/R}$$

式中：Q——现金持有量；

R——有价证券利率；

T——一个周期内的现金总需要量；

F——每次转换有价证券的固定成本；

C——现金管理总成本。

最佳现金持有量 Q^* 就是使得现金管理总成本 C 最小时的现金余额。

（3）现金周转模式

现金周转模式是以现金周转期为基础，通过预计现金需求总量和确定现金周转的目标次数来确定最佳现金持有量的一种方法。现金周转期是指现金从投入生产经营开始到销售商品收回现金所需要的时间（天数）。现金周转模式的实施步骤如下。

1）确定现金周转期（天数）。计算公式为

$$现金周转期=存货周转期+应收账款周转期-应付账款周转期$$

2）确定现金周转率（次数）。计算公式为

$$现金周转率=计算期天数/现金周转期$$

3）确定最佳现金持有量。计算公式为

$$最佳现金持有量=年现金需求总额/现金周转率$$

现金周转模式操作比较简单，但该模式要求有一定的前提条件：首先，必须能够根据往年的历史资料准确测算出现金周转率（次数），并且假定未来年度与历史年度周转次数基本一致；其次，应根据产销计划较为准确地预计未来年度的现金总需求，如果未来年度的周转效率与历史年度相比较发生变化，其变化就可以预计。

4. 基于 Excel 的最佳现金持有量决策模型设计与分析

【例 7.1】黄河电器股份有限公司现金收支状况比较稳定，预计全年需要现金 200 000 元，现金与有价证券的转换成本为每次 400 元，有价证券的年利息率为 10%，求最佳现金持有量。

解 根据资料分析可知，应使用存货模式建立模型。在 Excel 电子表格中创建最佳现金持有量模型，步骤如下。

第一步，启动 Excel 软件，将案例资料录入数据输入区，并且对基本数据所在单元格定义相应的汉字名称，如图 7.5 所示。单元格 B5 定义为"现金总量"，单元格 B6 定义为"交易费用"，单元格 B7 定义为"利率"，单元格 E6 定义为"最佳余额"，单元格 E7 定义为"总成本"。

第二步，插入函数，计算最佳现金持有量。

单击单元格 F6，然后单击工具栏中的"插入函数"按钮，弹出"插入函数"对话框，在"或选择类别"下拉列表中选择"数学与三角函数"选项，在"选择函数"下拉列表中选择"SQRT"选项，调用平方根函数"SQRT"，如图 7.6 所示。

图 7.5 最佳现金持有量模型输入数据

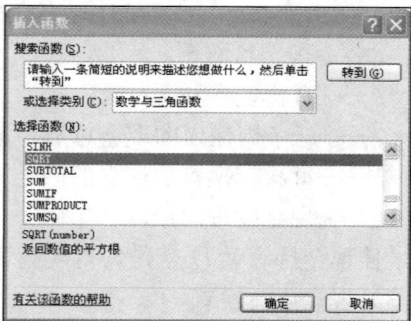

图 7.6 "插入函数"对话框

单击"确定"按钮，弹出"函数参数"对话框。单击"Number"编辑框，输入"2*C5*C6/C7"，如图 7.7 所示。

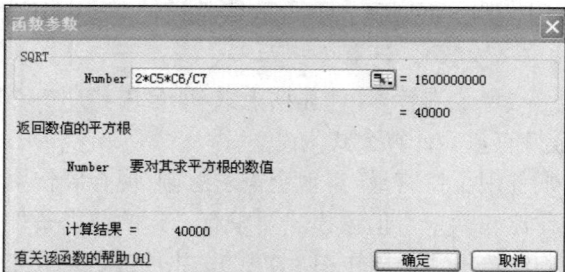

图 7.7 "函数参数"对话框

单击"确定"按钮，在单元格 F6 中就会自动显示最佳现金持有量"40 000"。总成本的公式设置和最佳现金持有量类似，不再复述，最后结果如图 7.8 所示。

图 7.8　最佳现金持有量模型运算结果

（二）应收账款管理

应收账款是企业最重要的资产之一。应收账款的流动性强、风险大，加之在企业资产中一般占有相当大的比重，匹此对应收账款的管理往往是企业财务管理的重点。

1. 应收账款管理的目标

在激烈的市场竞争环境中，应收账款具有扩大销量、减少存货的显著功能。但企业持有应收账款这种债权资本要付出一定的代价，即应收账款的成本。应收账款的成本包括：①机会成本，即因应收账款占有资金而失去取得其他投资收益的机会给企业带来的损失；②坏账成本，即因应收账款不能按期且全额收回而给企业带来的损失；③管理成本，即从应收账款发生到收回整个过程企业所承担的各项管理费用。

应收账款管理的目标就是企业在赊销所取得的利益和相应的损失之间进行权衡的基础上制定科学合理的应收账款政策，如图 7.9 所示。

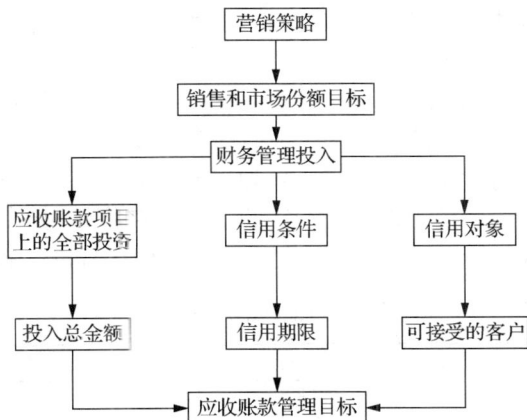

图 7.9　应收账款管理的目标

2. 信用标准的确定

应收账款政策又称信用政策，信用政策的好坏直接关系到应收账款的回收，从而影响企业资产的状况，进而影响企业的财务风险。一般来说，信用政策包括信用标准、信用条件和收款政策。

信用标准是指客户获得企业的交易信用应具备的条件，若客户达不到信用标准，则不能享受企业的信用或只能享受较低的信用优惠。

（1）进行定性分析

设定信用标准，首先要分析影响客户信用的各因素，评价客户赖账的可能性，常用"五C"评估法进行定性分析。

1）品质（character）：客户的信誉，即履行偿债义务的可能性，是评价客户信用的首要因素。企业必须设法了解客户过去的付款记录，查实其是否有按期如数付款的一贯做法，以及其与其他供货单位的关系是否良好。

2）能力（capacity）：客户的实际偿债能力，可以用流动资产的数量和质量及与流动负债的比例衡量。客户的流动资产越多，质量越好，其转换现金偿债的能力越强，应对风险的能力越大。

3）资本（capital）：客户的财务实力和财务状况，如注册资本、总资产、净资产和所有者权益等，表明客户可能偿债的背景。这些主要通过财务比率进行判断。

4）抵押（collateral）：如果客户恶意拒付款项或无力偿债时有能被用作抵押的资产或承担连带责任的担保人，这对于不知底细或信用状况有争议的客户来说尤为适用。

5）条件（conditions）：分析可能影响客户偿债能力的经济环境，如经济衰退、金融风暴、通货膨胀等对客户偿债能力的影响。这需要了解客户在过去类似环境中的偿债历史。

（2）进行定量分析

对信用标准进行定量分析的目的在于解决两个问题：一是具体确定客户的信用等级；二是确定客户拒付账款的风险，即坏账损失率。

采用信用评分法具体分为3步：设定行业信用等级的评价标准，计算客户坏账损失率及确定各有关客户的信用等级。

1）设定行业信用等级的评价标准。以一组具有代表性、能够说明付款能力和财务状况的若干比率（如流动比率、速动比率、应收账款平均收账天数、存货周转率、产权比率或资产负债率、赊购付款履约情况等）作为信用标准指标，根据行业数年内最坏年景的情况，分别找出信用好和信用差两类顾客的上述比率的平均值，以此作为比较其他顾客的行业信用标准值。按照上述方法确定的某行业的信用标准一览表如表7.3所示。

表7.3　某行业的信用标准一览表

指标	信用标准	
	信用好	信用差
流动比率	2.5：1	1.6：1
速动比率	1.1：1	0.8：1

续表

指标	信用标准	
	信用好	信用差
现金比率	0.4:1	0.2:1
产权比率	1.8:1	4:1
已获利息倍数	3.2:1	1.6:1
有形净值负债率	1.5:1	2.9:1
应收账款平均收账天数	26	40
存货周转率/次	6	4
总资产报酬率/%	35	20
赊购付款履约情况	及时	拖欠

2）计算客户坏账损失率。计算某客户的各财务指标值，并与上述行业标准比较，确定其发生坏账损失的总比率。若某客户的某项指标值等于或低于信用差的信用标准，则该客户的拒付风险系数（即坏账损失率）增加 10 个百分点；若介于信用好和信用差之间，则客户的拒付风险系数（坏账损失率）增加 5 个百分点；若客户的某项指标值等于或高于好的信用标准，则视该客户的指标值为零，即无拒付风险。最后，将客户各项指标的拒付风险系数累加，即该客户发生坏账损失的总比率。

根据某客户的各项指标值算得的累计拒付风险系数如表 7.4 所示。在表 7.4 中，该客户的流动比率、速动比率、产权比率、已获利息倍数、存货周转率、总资产报酬率、赊购付款履约情况等指标均等于或高于好的信用标准值，因此，这些指标产生拒付风险的系数为 0。现金比率、有形净值负债率、应收账款平均收账天数 3 项指标值则介于信用好与信用差的标准值之间，各自发生拒付风险的系数为 5%，累计 15%。这样即可认为该客户预期可能发生的坏账损失率为 15%。

表 7.4 某客户信用状况评价

指标	指标值	拒付风险系数/%
流动比率	2.6:1	0
速动比率	1.2:1	0
现金比率	0.3:1	5
产权比率	1.7:1	0
已获利息倍数	3.2:1	0
有形净值负债率	2.3:1	5
应收账款平均收账天数	36	5
存货周转率/次	7	0
总资产报酬率/%	35	0
赊购付款履约情况	及时	0
累计拒付风险系数		15

当然，企业为了能够更详尽地对客户的拒付风险做出准确的判断，也可以设置并分析更多的指标数值，如增为 20 项，各项最高的坏账损失率为 5%，介于信用好与信用差之间的，每项增加 2.5%的风险系数。

3）确定各有关客户的信用等级。依据上述风险系数的分析数据，按照客户累计风险系数由小到大进行排序。然后，结合企业承受违约风险的能力及市场竞争的需要，具体划分客户的信用等级，如累计拒付风险系数在 5%以内的，为 A 级客户；累计拒付风险系数为 5%~10%的，为 B 级客户。对于不同信用等级的客户，分别采取不同的信用政策，包括拒绝或接受客户信用订单，以及给予不同的信用优惠条件或附加某些限制条件等。

对信用标准进行定量分析，有利于企业增强应收账款投资决策的效果。但由于实际情况错综复杂，不同企业的指标往往存在很大差异，难以按照统一的标准进行衡量。因此，要求企业财务决策者必须在更加深刻地考察各指标内在质量的基础上，结合以往经验，对各指标进行具体的分析判断。

3. 信用条件的决策

信用条件是指企业接受客户信用订单时所提出的付款要求，主要包括信用期限、折扣期限及现金折扣等。其中，信用期限是企业为客户规定的最长付款时间；折扣期限是企业为客户规定的可享受现金折扣的付款时间；现金折扣是客户提前付款时给予的折扣。信用条件是"2/10，n/60"，表示信用期限为 60 天、折扣期限为 10 天、现金折扣为 2%。企业提供比较优惠的信用条件，可以增加销售量，但也会增加应收账款的机会成本、坏账损失和现金折扣成本等。

【例 7.2】黄河电器股份有限公司准备推出的新的信用条件是"2/10，n/60"，而此时的借款利率是 15%。试根据现金折扣成本与借款成本比较进行决策。

解 第一步，计算提供现金折扣成本。计算公式为

$$提供现金折扣成本=[折扣率/(1-折扣率)]×360/[(信用期-折扣期)]$$
$$=[2\%/(1-2\%)]×[360/(60-10)]$$
$$=14.69\%$$

第二步，比较分析。提供现金折扣成本为 14.69%，借款成本为 15%，提供现金折扣成本<借款利率。

第三步，进行决策。根据上述成本比较结果，选择提供现金折扣方案。

以上现金折扣与贷款成本比较分析，在 Excel 电子表格中创建应收账款决策模型的步骤如下。

第一步，启动 Excel 软件，将案例资料数据输入区域，如图 7.10 所示。

第二步，在单元格 C12 中输入公式"=C8/(1-C8)*360/(C6-C7)"，计算出提供现金折扣的成本为 14.69%，如图 7.11 所示。

第三步，比较分析。单击单元格 C13，然后单击工具栏中的"插入函数"按钮，弹出"插入函数"对话框，在"或选择类别"下拉列表中选择"逻辑"选项，在"选择函

数"下拉列表中选择"IF"选项，调用"IF"函数。单击"确定"按钮，弹出"函数参数"对话框。在 "Logical_test"编辑框中输入"C12<C9"，如图 7.12 所示。

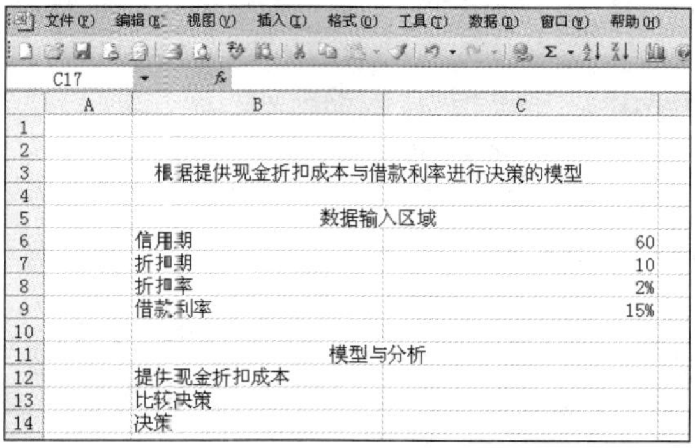

图 7.10　应收账款模型输入数据

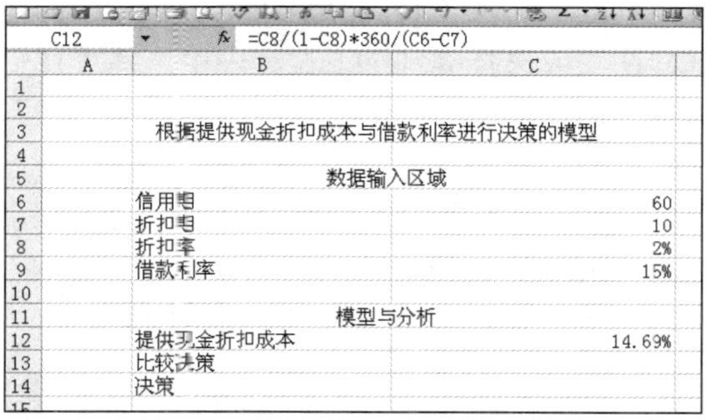

图 7.11　应收账款模型输入公式

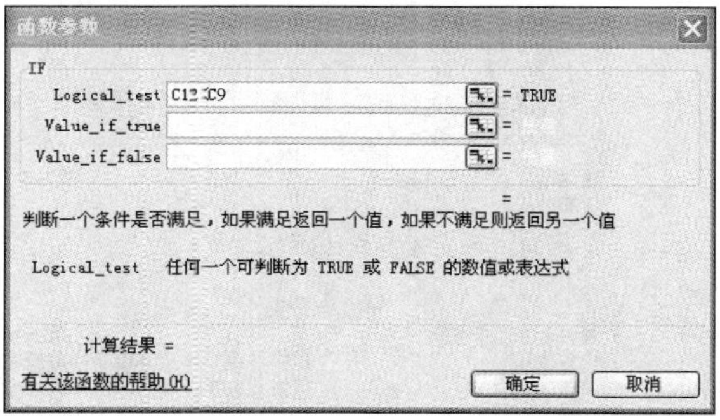

图 7.12　"函数参数"对话框

　　在 " Value_if_true "编辑框中输入"提供现金折扣成本低于借款成本"，在 "Value_if_false"编辑框中输入"提供现金折扣成本高于借款成本"，单击"确定"按钮，在单元格 C13 中显示提供现金折扣成本与借款成本比较结果为"提供现金折扣成本低于借款成本"，如图 7.13 所示。

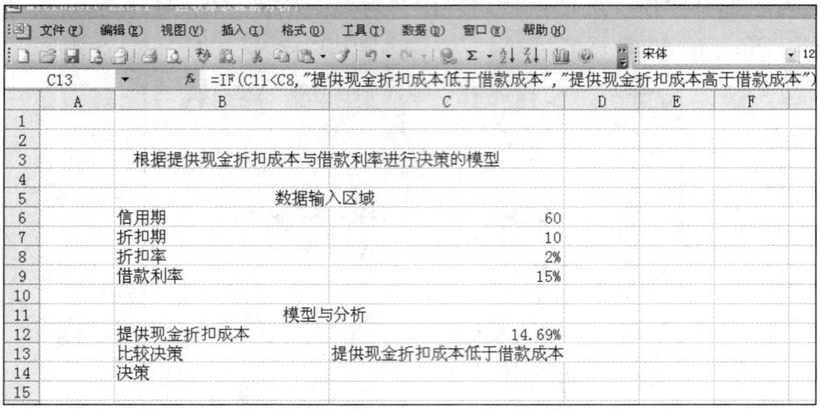

C13 =IF(C11<C8,"提供现金折扣成本低于借款成本","提供现金折扣成本高于借款成本")

	A	B	C	D	E	F
1						
2						
3		根据提供现金折扣成本与借款利率进行决策的模型				
4						
5		数据输入区域				
6		信用期	60			
7		折扣期	10			
8		折扣率	2%			
9		借款利率	15%			
10						
11		模型与分析				
12		提供现金折扣成本	14.69%			
13		比较决策	提供现金折扣成本低于借款成本			
14		决策				
15						

图 7.13　应收账款模型比校分析结果

第四步，进行决策。单击单元格 C14，然后单击工具栏中的“插入函数”按钮，弹出“插入函数”对话框，在“或选择类别”下拉列表中选择“逻辑”选项，在“选择函数”下拉列表中选择“IF”选项，调用“IF”函数。单击“确定”按钮，弹出“函数参数”对话框。

在“Logical_test”编辑框中输入“C12<C9”。在“Value_if_true”编辑框中输入“提供现金折扣”。在“Value_if_false”编辑框中输入“放弃现金折扣”，单击“确定”按钮，单元格 C14 中显示决策结果为“提供现金折扣”，如图 7.14 所示。

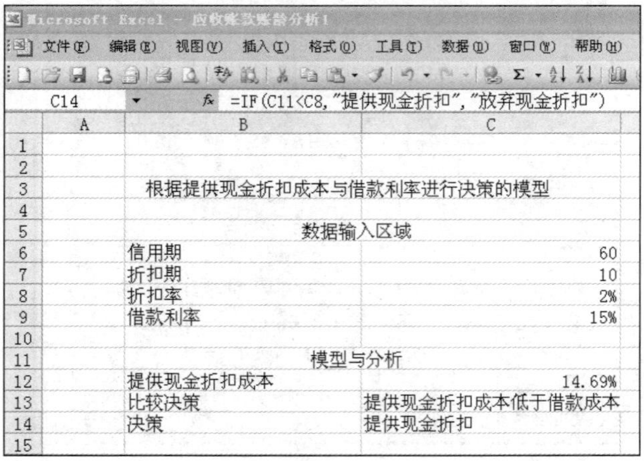

C14 =IF(C11<C8,"提供现金折扣","放弃现金折扣")

	A	B	C
1			
2			
3		根据提供现金折扣成本与借款利率进行决策的模型	
4			
5		数据输入区域	
6		信用期	60
7		折扣期	10
8		折扣率	2%
9		借款利率	15%
10			
11		模型与分析	
12		提供现金折扣成本	14.69%
13		比较决策	提供现金折扣成本低于借款成本
14		决策	提供现金折扣
15			

图 7.14　应收账款模型决策结果

【例 7.3】某企业拟改变信用条件，现有两种可供选择的信用条件方案，信用条件决策模型相关资料如图 7.15 所示。试分析企业应采用哪种方案。

	A	B	C
1	信用条件决策模型		
2	目前基本情况		
3	项目	数据	
4	销售额	150000	
5	变动成本率	60%	
6	利润	30000	
7	销售利润率	25%	
8	信用标准（预期坏账损失率限制）	10%	
9	平均坏账损失率	6%	
10	信用条件	30天付清	
11	平均收款期	45	
12	应收账款的机会成本率	15%	
13	新的信用条件方案有关数据		
14	项目	方案A	方案B
15	信用条件	45天内付清，无现金折扣	3/10，n/30
16	由于信用条件变化增加或减少的销售额	20000	30000
17	增加销售额的平均坏账损失率	11%	10%
18	需付现金折扣的销售额占总销售额的百分比	0%	50%
19	现金折扣率	0%	2%
20	平均收款期	80	20
21	分析区域		
22	项目	方案A	方案B
23	信用条件变化对利润的影响	5000	7500
24	信用条件变化对应收账款机会成本的影响	1713	-788
25	信用条件变化对现金折扣成本的影响	0	1800
26	信用条件变化对坏账损失的影响	2200	3000
27	信用条件变化带来的增量利润	1088	3488
28	结论：	应采用方案B	

图 7.15　信用条件决策模型相关资料及结果

解　主要计算公式为

信用条件变化对利润的影响=由于信用条件变化增加或减少的销售额×销售利润率

信用条件变化对应收账款机会成本的影响=[(新方案的平均收款期−目前的平均收款期)/360×目前条件下的销售额+新方案的平均收款期/360×由于信用条件变化增加或减少的销售额]×变动成本率×应收账款的机会成本率

信用条件变化对现金折扣成本的影响=(目前条件下的销售额+由于信用条件变化增加或减少的销售额)×需付现金折扣的销售额占总销售额的百分比×现金折扣率

信用条件变化对坏账损失的影响=由于信用条件变化增加或减少的销售额×增加或减少的销售额的坏账损失率

信用条件变化带来的增量利润=信用条件变化对利润的影响−信用条件变化对应收账款机会成本的影响−信用条件变化对现金折扣成本的影响−信用条件变化对坏账损失的影响

在 Excel 电子表格中的具体操作步骤如下。

1）在单元格 B23 中输入公式“=B16*$B$7”，在单元格 B24 中输入公式“=((B20−$B$11)/360*$B$4+B20/360*B16)*$B$5*$B$12”，在单元格 B25 中输入公式“=($B$4+B16)*B18*B19”，在单元格 B26 中输入公式“=B16*B17”，在单元格 B27 中输入公式“=B23−

B24-B25-B26”，得到方案 A 的有关计算结果。

2）选取单元格区域 B23:B27，将其复制到单元格区域 C23:C27 中，得到方案 B 的有关计算结果。

3）在单元格 B28 中输入公式“=IF(AND(B27>0,C27>0),IF(B27>C27,"应采用方案 A","应采用方案 B")，IF(B27>0,"应采用方案 A",IF(C27>0,"应采用方案 B","仍采用目前的信用条件")))”。此公式的含义为：若两个方案的增量利润均为正值，则选择增量利润最大的方案；若两个方案的增量利润一正一负，则选取增量利润为正值的方案；若两个方案的增量利润均为负值，则仍采取目前的信用条件。

结果表明，企业应采取方案 B，可使企业利润比目前增加 3 488 元。

4. 收账政策的确定

收账政策是指信用条件被违反时企业采取的收账策略。企业如果采用较积极的收账政策，可能减少应收账款占用的资金，减少坏账损失，但要增加收账费用；反之，则可能增加应收账款占用的资金，增加坏账损失，但会减少收账费用。因此，企业应根据具体情况制定合适的收账政策。

【例 7.4】某企业在不同收账政策下的有关资料如图 7.16 所示。试分析该企业是否应该采用建议的收账政策。

	A	B	C
1	收账政策决策模型		
2	目前的基本情况		
3	项目	数据	
4	年销售收入	1500000	
5	变动成本率	60%	
6	应收账款的机会成本率	15%	
7	不同收账政策的有关数据		
8	项目	目前的收账政策	建议收账政策
9	年收账费用	20000	30000
10	应收账款平均收款期	60	30
11	坏账损失率	4%	2%
12	分析区域		
13	项目	目前收账政策	建议收账政策
14	应收账款的平均占用额	250000	125000
15	建议收账政策所节约的机会成本		11250
16	坏账损失	60000	30000
17	建议计划减少的坏账损失		30000
18	按建议收账政策所增加的收账费用		10000
19	建议计划增加的净收益		31250
20	结论：	采用建议收账政策	

图 7.16　收账政策决策模型

解　主要计算公式为

应收账款的平均占用额=年销售收入/360×应收账款平均收款期

坏账损失=年销售收入×坏账损失率

建议收账政策所节约的机会成本=应收账款减少的平均占用额×变动成本率

×应收账款的机会成本率

建议计划减少的坏账损失=目前收账政策的坏账损失-建议收账政策的坏账损失

建议收账政策所增加的收账费用=建议收账政策的年收账费用-目前收账政策的年收账费用

建议收账政策可获得的净收益=建议收账政策所节约的机会成本+建议计划减少的坏账损失

-建议收账政策所增加的收账费用

在 Excel 电子表格中的具体操作步骤如下。

1）在单元格 B14 中输入公式"=$B$4/360*B10"，并复制到单元格 C14。

2）在单元格 C15 中输入公式"=(B14-C14)*B5*B6"。

3）在单元格 B16 中输入公式"=$B$4*B11"，并复制到单元格 C16。

4）在单元格 C17 中输入公式"=B16-C16"。

5）在单元格 C18 中输入公式"=C9-B9"。

6）在单元格 C19 中输入公式"=C15+C17-C18"。

7）在单元格 B20 中输入公式"=IF(C19>0,"采用建议收账政策","维持目前收账政策")"。

结果表明，企业应采用建议的收账政策。

5. 基于 Excel 的应收账款信用政策的综合决策模型设计

信用政策中的每项内容的变化都会影响企业的利益，因此，需要将这些因素综合起来考虑，以制定合适的信用政策。主要计算公式及步骤如下。

1）计算信用政策变化对利润的影响。

利润增减量=新方案销售额增减量×销售利润率

2）计算信用政策变化对应收账款机会成本的影响。

应收账款机会成本减量=[(新方案的平均收款期-目前的平均收款期)/360

×目前条件下的销售额+新方案的平均收款期/360

×由于信用条件变化增加或减少的销售额]

×变动成本率×应收账款机会成本率

3）计算信用政策变化对坏账损失的影响。

坏账损失增减量=新方案销售额×新方案平均坏账损失率

-原方案销售额×原方案平均坏账损失率

4）计算信用政策变化对现金折扣成本的影响。

现金折扣成本增减量=新方案销售额×新方案的现金折扣率

×新方案需付现金折扣的销售额占销售额的百分比

-原方案销售额×原方案的现金折扣率

×原方案需付现金折扣的销售额占总销售额的百分比

5）计算信用政策变化对收账管理成本的影响。

$$收账管理成本增减量=新方案销售额×新方案收账管理成本率$$
$$-原方案销售额×原方案收账管理成本率$$

【例 7.5】某企业现有的信用政策以及要改变信用政策的两个可供选择的方案如图 7.17 所示。试分析企业应采用哪个信用政策。

	A	B	C	D
1		应收账款的信用政策决策模型		
2		原始数据区		
3			新信用政策方案	
4	项目	目前信用政策	方案A	方案B
5	年赊销额	100000	120000	130000
6	销售利润率	20%	20%	20%
7	收账管理成本率	0.60%	0.70%	0.80%
8	平均坏账损失率	2%	3%	4%
9	平均收现期	45	60	30
10	需付现金折扣的销售额占总销售额的百分比	0%	0%	50%
11	现金折扣率	0%	0%	2%
12	应收账款的机会成本率	15%	15%	15%
13	变动成本率	60%	60%	60%
14	分析区域			
15	信用政策变化对利润的影响		4000	6000
16	信用政策变化对应收账款机会成本的影响		675	-150
17	信用政策变化对坏账损失的影响		1600	3200
18	信用政策变化对现金折扣成本的影响		0	1300
19	信用政策变化对收账管理成本的影响		240	440
20	信用政策变化带来的增量利润		1485	1210
21	结论:		采用方案A	

图 7.17 应收账款的信用政策综合决策模型

解 决策步骤如下。

1）首先计算方案 A 的各项增量指标。各单元格应输入的计算公式如下。

① 单元格 C15："=(C5-\$B\$5)*C6"。

② 单元格 C16："=((C9-\$B\$9)/360*\$B\$5+C9/360*(C5-\$B\$5))*C13*C12"。

③ 单元格 C17："=C5*C8-\$B\$5*\$B\$8"。

④ 单元格 C18："=C5*C11*C10-\$B\$5*\$B\$11*\$B\$10"。

⑤ 单元格 C19："=C5*C7-\$B\$5*\$B\$7"。

⑥ 单元格 C20："=C15-C16-C17-C18-C19"。

2）将单元格 C15:C20 复制到单元格 D15:D20 中，得到方案 B 的各项增量指标。

3）在单元格 C21 中输入"=IF(AND(C20>0,D20>0),IF(C20>D20,"采用方案 A","采用方案 B"),IF(C20>0,"采用方案 A",IF(D20>0,"采用方案 B","采用目前信用政策")))"。

计算结果如图 7.17 所示，企业应采用方案 A 的信用政策。

（三）存货管理

存货是指企业在正常生产经营过程中持有的供销售的产成品或商品，或处于生产过程中的在产品，或在生产过程中消耗的材料、物料等。它不仅在企业营运资金中占很大比重，也是流动性较差的流动资产。存货管理主要包括存货的信息管理和在此基础上的决策分析，最后进行有效控制，以充分发挥存货功能的同时降低成本、增加收益。

1. 存货管理的目标及要求

企业置留存货的原因一方面是为了保证生产或销售的经营需要，另一方面是出于价格的考虑，零购物资的价格往往较高，而整批购买在价格上有优惠。但是，过多地存货要占用较多资金，并且会增加包括仓储费、保险费、维护费、管理人员工资在内的各项开支。因此，进行存货管理的目标就是尽力在各种存货成本与效益之间做出权衡，达到两者的最佳结合。

由于存货具有种类繁多、数量大、周转缓慢的特点，因此，企业存货过多或不足，都会给企业带来不利影响。存货储备过多的不利影响有 3 个：一是会占用大量资金，增加资金机会成本，影响资金周转和使用效益；二是会大量占用仓库；三是储备时间过长，易使存货变质、损伤、短缺，增加存货损失。存货储备不足会造成停工待料，不能及时完成生产，影响经济效益。存货管理的要求如下。

1）严格执行财务制度规定，使账、物、卡三者相符。

2）采用 ABC 分析法，即将库存物品按品种和占用资金的多少分为特别重要的库存（A 类）、一般重要的库存（B 类）和不重要的库存（C 类）3 个等级，然后针对不同等级分别进行管理与控制，从而降低库存量，加速资金周转。

3）加强采购管理，合理运作采购资金，控制采购成本。

4）充分利用 ERP（enterprise resource planning，企业资源计划）系统等先进的管理模式，实现存货资金信息化管理。

5）制定存货业务流程，明确存货的取得、验收与入库，仓储与保管，领用、发出与处置等环节的控制要求，设置相应的记录或凭证，同时建立对各环节凭证资料的保管制度。

6）建立健全存货的收、发、保管制度。

2. 入库管理

1）外购时，首先由用料部门提出用料计划，由分管领导和委派会计审核，交财务部门纳入收支计划，并通过单位内部支付款项，再由供应部门负责实施采购。

2）购回时，由质检部门按质量组织验收，按实际质量认真填写"入库单"，对"入库单"的外购地、入库时间、物资名称、规格型号、数量、单价、金额、交货人、承包人和验收入库等应逐一填写，不得漏项，对无随货同行发票的货物金额应由交货人提供采购价，财务据此入账核算，待发票到后再按实际价格调整。

3）运费结算必须在运输发票后附有一次复写的"入库单"的"运费结算联"，若无运费，则应将该联连同"入库单"的"财务联"一起附于购货发票后交财务入账。

4）产成品入库必须有质检部门验收的"合格证"，由保管员按规格、品种填写成品

"入库单"，质检员、保管员和当班生产负责人均应签字。

　5）外购物资数量短缺、品种质量不符合，由采购人负责更换，更换费用或因此而造成的损失由采购人个人承担；生产产品因质量问题而返修、退回所发生的损失由生产部门承担。

3. 出库管理

　1）生产用物资由生产部门按生产所需于材料会计处办理"出库单"手续，非生产用物资领用人应持领用审批手续，办理"出库单"及相关手续，仓库保管员凭"出库单"据实发货。

　2）月末，已领用但尚未耗用的物资（包括残余料），应及时退回仓库，便于财务如实核算成本。

　3）材料会计在月底时，应将当月的存货出入库按部门分项目汇总，与仓库保管、生产部门核对一致后，报给成本会计。

4. 库存管理

　1）保管员应设置各种存货保管明细账，并根据出入库单进行账簿登记，经常与财务核对账目，实地盘点实物，保证账账相符、账实相符。物资要堆放整齐，标签清楚，存放安全，保管员对存货的安全和完整负责。

　2）对用量或金额较大、领用次数频繁的物资应每月盘点一次，对于所有存货至少要一年彻底清查一次。

　3）盘点时，由供应、生产、仓库、质检、财务等部门组成财产清查小组，对存货进行实地盘点，查找盈亏、积压等原因，编制盘存表，提出处理意见，参与清查的人员应在盘存表上签字。

　由此可知，存货控制的关键在于储存量的控制，企业应在保证生产经营的前提下，尽可能减少存货储存量。然而存货储存量的形成源于采购与生产，对它们的控制也就是原材料存货的采购批量控制和产成品存货的生产批量控制，从而使企业的存货量既不会过多，又不至于影响生产与销售，而在存货上的花费又最省。通常，将能够实现上述目的的采购或生产批量称为经济批量。

5. 基于 Excel 的经济订货批量决策

（1）基本的经济订货批量模型

存货决策涉及多方面的内容，包括决定进货项目、选择供货单位、决定进货时间和确定经济订货批量等，其中最常见的存货决策是确定经济订货批量。

基本的经济订货批量模型的基本假设：①企业能够瞬时补充存货；②存货能集中到货；③不允许缺货；④一定时期的存货总需求量确定；⑤存货的单价保持不变。

在这些假设前提下，总存货费用 C 为

$$C = D \times P + \frac{D \times A}{Q} + \frac{1}{2}\mathrm{PK} \times Q$$

式中：Q——订货批量；

D——一定时期存货的需要量；

A——每次订货费；

P——存货单价；

K——存货的存储费率；

PK——单位存储费用。

C 对 Q 求导数，并令

$$\frac{\mathrm{d}C}{\mathrm{d}Q} = 0$$

即得存货的经济订货批量为

$$Q^* = \sqrt{\frac{2DA}{\mathrm{PK}}}$$

在此基础上，还可以进一步计算出一定时期最佳的订货次数为

$$N^* = \frac{D}{Q^*}$$

一定时期存货的最低订储费用（订货费用和储存费用合计）为

$$T^* = \sqrt{2DA \times \mathrm{PK}}$$

【例 7.6】某企业全年需要某种材料 3 600 千克，每次订货费为 25 元，材料单价为 20 元/千克，材料的存储费率为 10%。试求该材料的经济订货批量、全年订货次数和最低订储费用。

解 主要操作步骤如下。

将有关资料整理输入到 Excel 电子表格中，如图 7.18 所示。在单元格 B6 中输入“=SQRT(2*B1*B2/(B3*B4))”，在单元格 B7 中输入“=B1/B6”，在单元格 B8 中输入“=SQRT(2*B1*B2*B3*B4)”，则可得到经济订货批量为 300 千克，年经济订货次数为 12 次，年最低订储费用为 600 元。

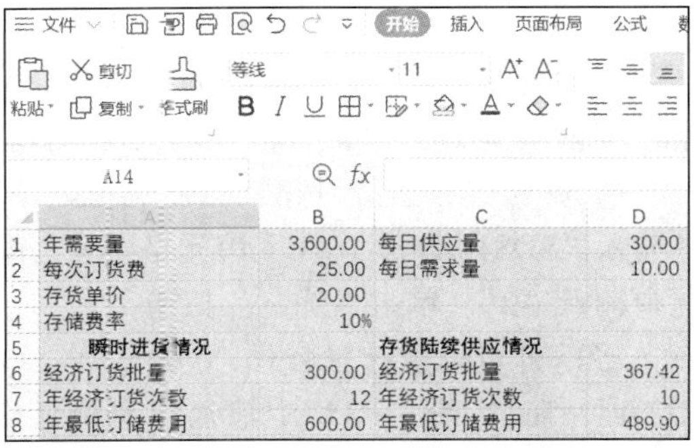

	A	B	C	D
1	年需要量	3,600.00	每日供应量	30.00
2	每次订货费	25.00	每日需求量	10.00
3	存货单价	20.00		
4	存储费率	10%		
5	瞬时进货情况		存货陆续供应情况	
6	经济订货批量	300.00	经济订货批量	367.42
7	年经济订货次数	12	年经济订货次数	10
8	年最低订储费用	600.00	年最低订储费用	489.90

图 7.18 基本经济订货批量模型

（2）存货陆续供应和耗用情况下的经济订货批量模型

在存货陆续供应和耗用情况下，经济订货批量和最低订储费用的计算公式为

$$Q^* = \sqrt{\frac{2DA}{\mathrm{PK}\left(1-\dfrac{d}{g}\right)}}$$

$$T^* = \sqrt{2DA\mathrm{PK}\left(1-\frac{d}{g}\right)}$$

式中：g——送货期内每日平均送货量；

　　　d——每日平均消耗量。

如果例 7.6 中的企业所需要的材料不是瞬时到货，而是陆续供货，进货期内每日供货量为 30 千克，每日需求量为 10 千克，则可计算出经济订货批量为 367.42 千克，年订货次数 10 次，年最低订储费用 489.90 元，如图 7.18 所示。其中，单元格 D6、D7、D8 中的计算公式分别为 "=SQRT(2*B1*B2/(B3*B4*(1–D2/D1)))" "=INT(B1/D6+0.5)" "=SQRT(2*B1*B2*B3*B4*(1–D2/D1))"。

（3）允许缺货条件下的经济订货批量模型

在允许缺货的条件下，经济订货批量 Q^* 和年最低订储费用 T^* 的计算公式为

$$Q^* = \sqrt{\frac{2DA}{\mathrm{PK}} \cdot \frac{S+\mathrm{PK}}{S}}$$

$$T^* = \sqrt{2DA\mathrm{PK} \cdot \frac{S}{S+\mathrm{PK}}}$$

式中：S——单位缺货损失费用。

【例 7.7】某企业年需要 A 材料 5 000 千克，每次订货费用为 200 元，单位保管费用为 10 元/年，允许缺货。若缺货，则每缺货 1 千克材料年损失费用为 6 元。试求允许缺货情况下该材料的经济订货批量、全年订货次数和最低订储费用。

解 主要操作步骤如下。

1）制作经济订货批量决策模型，如图 7.19 所示。在单元格 B8 中设计是否允许缺货的控件，步骤如下。

在单元格 D1 中输入"不允许缺货"，在单元格 D2 中输入"允许缺货"。单击菜单栏中的"开发工具"→"插入"命令，选择"组合框"。右击组合框，在弹出的快捷菜单中执行"设置控件格式"命令，弹出"设置控件格式"对话框，单击"控制"选项卡，在"数据源区域"编辑框中输入"$D$1:$D$2"，在"单元格链接"编辑框中输入"B8"，在"下拉显示项数"文本框中输入"2"，单击"确定"按钮。

在单元格 B10 中输入经济订货批量计算公式"=IF(B8=1,SQRT(2*B4*B5/B6),SQRT(2*B4*B5/B6*(B7+B6)/B7))"，在单元格 B11 中输入年最佳订货次数计算公式"=INT(B4/B10+0.5)"，在单元格 B12 中输入年最低订储费用计算公式"=IF(B8=1,SQRT(2*B4*B5*B6),SQRT(2*B4*B5*B6*B7/(B7+B6)))"。

通过以上步骤得出，不允许缺货情况下经济订货批量为 447.21 千克，年经济订货次数 11 次，年最低订储费用为 4 472.14 元，如图 7.19 所示；当允许缺货时，经济订货批量为 730.30 千克，年经济订货次数为 7 次，年最低订储费用为 2 738.61 元，如图 7.20 所示。

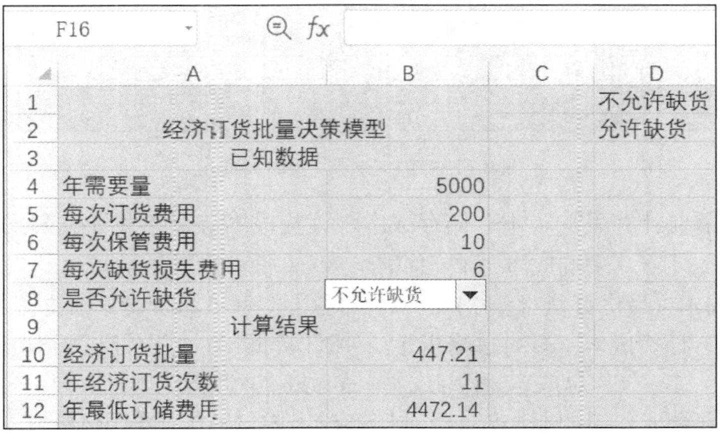

F16 fx

	A	B	C	D
1				不允许缺货
2	经济订货批量决策模型			允许缺货
3	已知数据			
4	年需要量	5000		
5	每次订货费用	200		
6	每次保管费用	10		
7	每次缺货损失费用	6		
8	是否允许缺货	不允许缺货		
9	计算结果			
10	经济订货批量	447.21		
11	年经济订货次数	11		
12	年最低订储费用	4472.14		

图 7.19 经济订货批量决策模型（1）

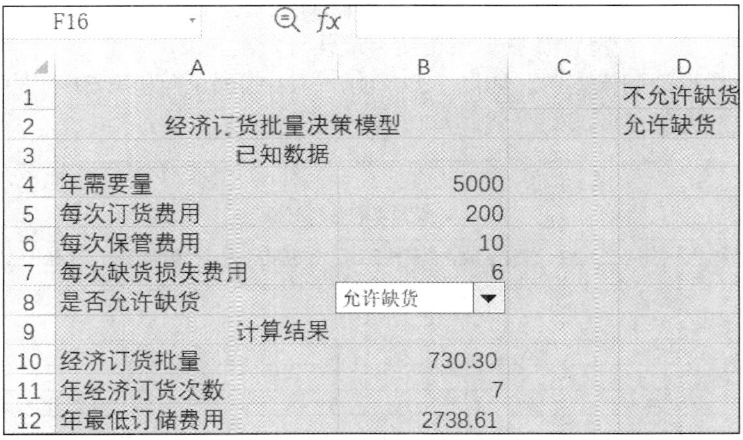

F16 fx

	A	B	C	D
1				不允许缺货
2	经济订货批量决策模型			允许缺货
3	已知数据			
4	年需要量	5000		
5	每次订货费用	200		
6	每次保管费用	10		
7	每次缺货损失费用	6		
8	是否允许缺货	允许缺货		
9	计算结果			
10	经济订货批量	730.30		
11	年经济订货次数	7		
12	年最低订储费用	2738.61		

图 7.20 经济订货批量决策模型（2）

6. 基于 Excel 的最优订货批量决策模型设计与分析

【例 7.8】美林公司每年需要甲、乙、丙、丁 4 种材料，相关资料如图 7.21 所示。最优经济订货批量是多少？

解 若想进货时获得折扣机会，必须满足甲材料每次订货数量≥400，乙≥450，丙≥500，丁≥500。

	A	B	C	D	E
1	最优订货批量决策模型				
2	企业存货基本数据				
3	存货名称	甲材料	乙材料	丙材料	丁材料
4	材料年需要量	18,000	20,000	30,000	25,000
5	每次订货费	25	25	25	25
6	单位存储成本	2	3	4	3
7	每日送货量	100	200	300	250
8	每日耗用量	20	30	40	25
9	数量折扣率	2%	2%	2%	2%
10	材料单价	10	20	30	25

图 7.21　美林公司需要材料情况

采购材料需要计算采购成本、储存成本、订货成本等，相关计算公式为

采购成本=材料总需求量×单价×(1−折扣率)

储存成本=(最优订货批量/2)×(1−每日耗用量/每日送货量)×单位储存成本

订货成本=(材料总需求量/最优订货批量)×每次订货成本

总成本=采购成本+储存成本+订货成本

综合成本=甲材料成本+乙材料成本+丙材料成本+丁材料成本

最佳订货次数=总需求量/最优订货批量

最佳订货周期(月)=12/最佳订货次数

经济订货量占用资金=(最佳订货批量/2)×单价

将公式合理设计到模型中，如图 7.22 所示。其中第 16 行和第 21 行是需要规划求解的区域，其他地方都需要编写公式。具体操作过程如下。

	A	B	C	D	E
13	规划求解分析区域				
14					
15	存货名称	甲材料	乙材料	丙材料	丁材料
16	最优订货批量				
17	采购成本				
18	储存成本				
19	订货成本				
20	总成本				
21	综合成本				
22	最佳订货次数				
23	最佳订货周期				
24	经济订货量占用资金				

图 7.22　基于 Excel 的最优经济订货批量规划求解

1）在单元格 B17 中输入公式“=B4*B10*(1−B9)”，得出运算结果后选中该单元格向右拖动填充至单元格 E17。

2）在单元格 B18 中输入公式“=IFERROR((B16/2)*(1-B8/B7)*B6,0)”，得出运算结果后，选中该单元格向右拖动填充至单元格 E18。

3）在单元格 B19 中输入公式“=IFERROR(B4/B16*B5,0)”，得出运算结果后选中该单元格并将其向右拖动填充至单元格 E19。

4）在单元格 B20 中输入公式“=B17+B18+B19”，显示运算结果后选中该单元格并

将其向后拖动填充至单元格 E20。

5）在单元格 B21 中输入"=SUM(B20:E20)"，得出运算结果。

6）在单元格 B22 中输入公式"=IFERROR (B4/B16,0)"，得出运算结果后选中该单元格并将其向右拖动填充至单元格 E22。

7）在单元格 B23 中输入公式"=IFERROR (12/B22,0)"，得出运算结果后选中该单元格并将其拖动填充至单元格 E23。

8）在单元格 B24 中输入公式"=B16/2*B10"，得出运算结果后选中该单元格并将其向右拖动至单元格 E24。

9）最后进行规划求解，具体如下。

① 选中目标单元格 B21。

② 在菜单栏中执行"文件"→"选项"→"自定义功能区"命令，选中"开发工具"复选框，单击"确定"按钮。这时，菜单栏中会显示"开发工具"。在菜单栏中执行"开发工具"→"Excel 加载项"命令；选中"规划求解加载项"复选框，单击"确定"按钮，在菜单栏中执行"数据"命令，单击"规划求解"按钮，弹出"规划求解参数"对话框，如图 7.23 所示。

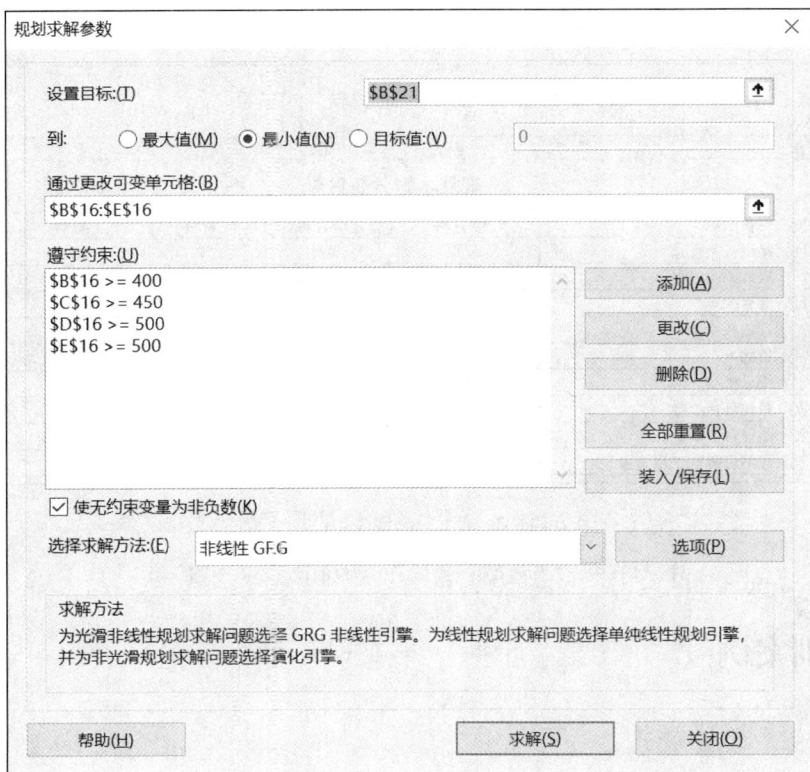

图 7.23　"规划求解参数"对话框

在"设置目标"编辑框中选择单元格 B21，可变单元格就是要求的最优经济订货批量，范围为单元格 B16 至单元格 E16，单击"求解"按钮，弹出"规划求解结果"对话框，如图 7.24 所示。单击"确定"按钮即可最终完成运算，结果如图 7.25 所示。

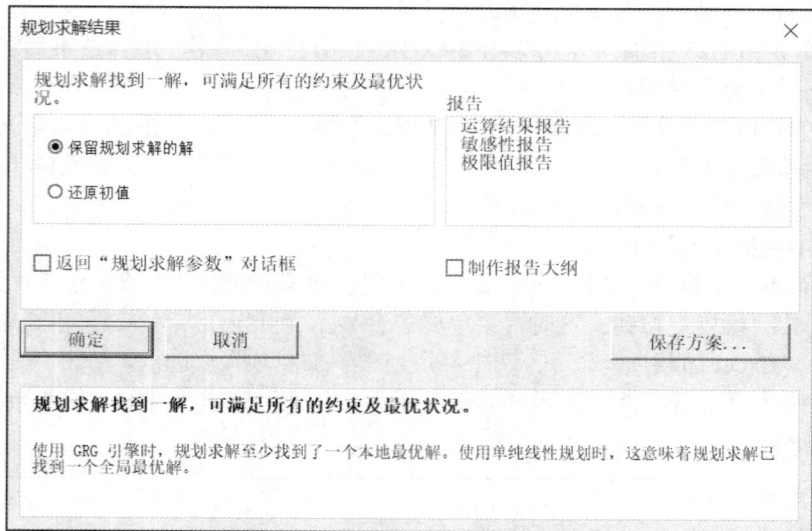

图 7.24　"规划求解结果"对话框

	A	B	C	D	E
13	规划求解分析区域				
14					
15	存货名称	甲材料	乙材料	丙材料	丁材料
16	最优订货批量	750	626	658	680
17	采购成本	176400	392000	882000	612500
18	储存成本	600	798	1140	919
19	订货成本	600	798	1140	919
20	总成本	177600	393597	884280	614337
21	综合成本	2069814			
22	最佳订货次数	24	32	46	37
23	最佳订货周期	0.5	0.4	0.3	0.3
24	经济订货量占用资金	3750.00	6262.24	9866.90	8505.17

图 7.25　存货最优经济批量求解结果

注：本图中一些行的数值类型做了小数位的设置，以方便阅读。

五、实训案例

实训案例一　现金管理

根据公司资料可知，公司的资本成本率为 10%，公司现有甲、乙、丙、丁 4 种现金持有方案，有关成本资料如表 7.5 所示。试用成本分析模式计算最佳现金持有量。

表7.5　现金持有量备选方案表

项目	甲	乙	丙	丁
现金持有量/元	230 000	250 000	280 000	300 000
资金成本率/%	10	10	10	10
短缺成本/元	10 000	7 000	6 000	4 500

解　具体操作步骤如下。

1）在工作表"最佳现金持有量计算表"中的C15:F16区域输入基本数据。

2）在单元格C17中输入公式"=C15*C16"，得出运算结果后将该单元格向右拖动填充至单元格F17。

3）在C18:F18区域输入基本数据。

4）在单元格C19中输入公式"=SUM(C17:C18)"，得出运算结果后将其向右拖动填充至单元格F19。

5）合并单元格C20:F20，再在其中输入公式"=IF(C19≤MIN(C19:F19),C15,IF(D19≤MIN(C19:F19),D15,IF(E19≤MIN(C19:F19),E15,F15)))"，得出的数据即为该公司的最佳现金持有量，如图7.26所示。

图7.26　最佳现金持有量求解结果

实训案例二　应收账款管理

长江公司目前应收账款3 000万元，平均收账期48天。为了加速资金周转，公司准备推出"2/10，n/30"的信用条件。预计50%的应收账款的平均收账期缩短到30天，此时的借款成本为15%。试根据现金折扣利益与损失比较决策。

解　计算如下。

减少资金占用成本金额=3000×50%×（48-30）×15%/360=11.25（万元）

减少收入金额=3000×50%×2%=30（万元）

减少资金占用成本金额＜减少收入金额，所以选择放弃现金折扣方案。

具体操作步骤如下。

1）启动Excel软件，将案例资料数据输入。

2）计算出提供现金折扣利益，即减少资金占用成本。在单元格C12中输入减少资金占用成本的公式"=C4*C6*(C5-C7)*(C10/360)"。

3）计算提供现金折扣损失所减少的收入。在单元格 C13 中输入减少收入的公式"=C4*C6*C9"。

4）比较分析。单击单元格 C14，然后单击工具栏中的"插入函数"按钮，弹出"插入函数"对话框，在"或选择类别"下拉列表中选择"逻辑"选项，在"选择函数"下拉列表中选择"IF"选项，调用"IF"函数。单击"确定"按钮，弹出"函数参数"对话框。在"Logical_test"编辑框中输入"C12<C13"，在"Value_if_true"编辑框中输入"提供现金折扣利益小于提供现金折扣损失"，在"Value_if_false"编辑框中输入"提供现金折扣利益大于提供现金折扣损失"。单击"确定"按钮，在单元格 C14 中就会显示提供现金折扣与借款利率比较结果为"提供现金折扣利益小于等于提供现金折扣损失"或"提供现金折扣利益大于提供现金折扣损失"。

5）进行决策。单击单元格 C15，然后单击工具栏中的"插入函数"按钮，弹出"插入函数"对话框，在"或选择类别"下拉列表中选择"逻辑"选项，在"选择函数"下拉列表中选择"IF"选项，调用"IF"函数。单击"确定"按钮，弹出"函数参数"对话框。在"Logical_test"编辑框中输入"C12＜C13"，在"Value_if_true"编辑框中输入"放弃现金折扣"，在"Value_if_false"编辑框中输入"提供现金折扣"，单击"确定"按钮，在单元格 C15 中就会显示提供现金折扣利益与损失的比较进行决策的结果为"放弃现金折扣"。

最终决策结果如图 7.27 所示。

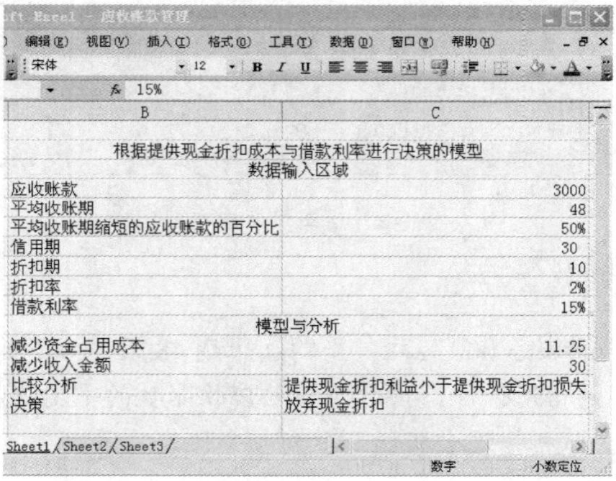

图 7.27　最终决策结果

实训案例三　存货管理

工厂每年需要某原料 1 800 吨，不需要每日供应，但不得缺货。已知每次订货费为 200 元，每月货物保管费为 60 元/吨。试计算经济订货批量、全年最低订储费用、订购次数、订购周期和保管费总额。

解　计算如下。

$$经济订货批量 = \sqrt{(2 \times 200 \times 1800)/60} \approx 110（吨）$$

$$全年最低订储费用 = \sqrt{2 \times 200 \times 1800 \times 60} = 6\,572.67（元）$$

$$订购次数 = 1\,800/110 = 16.36 \approx 16（次）$$

$$订购周期 = 16.36/12 \approx 1（次/月）$$

$$保管费总额 = (110/2) \times 60 = 3\,300（元）$$

具体操作步骤如下。

1）启动 Excel 软件，将案例资料数据输入。

2）计算经济订货批量。在单元格 B8 中输入经济订货批量的公式"=ROUNDUP (SQRT(2*B3*B4/B5), 1)"。

3）计算全年最低订储费用。在单元格 B9 中输入全年最低订储费用的公式"=SQRT (2*B3*B4*B5)"。

4）计算订购次数。在单元格 B10 中输入订购次数的公式"=INT(B3/B8)"。

5）计算订购周期。在单元格 B11 中输入订购周期的公式"=B10/12"。

6）计算保管费总额。在单元格 B12 中输入保管费总额的公式"=(ROUND(B8, 0)/2)*B5"。

在不允许缺货情况下，经济订货批量为 110 吨，订购次数为 11 次，订购周期为 1 次/月，年最低订储费用为 6 572.67 元，保管费总额为 3 300 元，如图 7.28 所示。

	A	B
1	经济订货批量决策模型	
2	已知数据	
3	年需要量	1,800.00
4	每次订货费	200.00
5	每月货物保管费	60.00
6	是否允许缺货	不允许缺货
7	计算结果	
8	经济订货批量	110
9	全年最低订储费用	6,572.67
10	订购次数	16
11	订购周期	1
12	保管费总额	3,300

图 7.28　最终决策结果

注：本图中一些行的数值类型做了小数位的设置，以方便阅读。

六、实训练习

新锐公司是一家制造企业，现金收支状况比较稳定，预计全年需要现金 400 万元。现金与有价证券的转换成本为每次 400 元，有价证券的年利息率为 8%。为了降低成本，提高资金使用效率，请用 Excel 测算其现金最佳持有量、有价证券交易次数、持有现金的机会成本。

该公司目前平均收账期 60 天，为了加速资金周转，公司准备推出新的收账政策，使其应收账款的平均收账期缩短到 30 天，原收账政策和新收账政策如表 7.6 所示。假设资金利润率为 10%，请用 Excel 对新旧政策进行比较分析、做出评价。

表 7.6   原收账政策和新收账政策

项目	现行收账政策	拟改变的收账政策
年收账费用/元	90	150
应收账款平均收账天数/天	60	30
坏账损失率/%	3	2
赊销额/万元	7 200	7 200
变动成本率/%	60	60

该公司甲材料的年需要量为 16 000 千克，每千克标准价为 20 元。销售企业规定：每批购买量不足 1 000 千克的，按照标准价计算；每批购买量 1 000 千克以上，2 000 千克以下的，价格优惠 2%；每批购买量 2 000 千克以上，价格优惠 3%。已知每批进货费用为 600 元，单位材料的年存储成本为 30 元。

实训要求：

1）用 Excel 对该企业实行数量折扣的经济订货批量进行决策，并测算其现金最佳持有量、有价证券交易次数、持有现金的机会成本。

2）用 Excel 对应收账款新旧政策进行比较分析并做出评价。

实验八　财务报表分析模拟实验

一、实验目的

　　财务报表分析的目的是将财务报表数据转换成有用的信息，以帮助信息使用者改善决策。财务报表分析的起点是阅读财务报表。通过本实验，学生能够熟练掌握财务报表分析信息的收集途径和筛选方法；巩固财务报表分析的基本方法与技能；揭示重点项目的变动原因，为企业管理指明方向，以帮助投资者改善决策。

二、实验流程

三、实验时间

　　本实验 8 学时，每学时 50 分钟。可以根据实验需要、专业特点等进行适当调整。实验内容及学时安排如表 8.1 所示。

表 8.1　实验内容及学时安排

实验内容	收集资料	整理、阅读资料	编制水平分析表和垂直分析表	会计报表重点项目分析
学时安排	1 学时	1 学时	2 学时	4 学时

四、实验内容与步骤

（一）收集财务报表分析资料

　　收集财务报表分析资料，可以通过浏览深圳证券交易所官方网站、上海证券交易所官方网站等证券交易所官方网站进行，也可以查阅《中国证券报》《上海证券报》《证券时报》等报刊收集并下载上市公司年度报告等财务分析信息，同时还可以通过巨潮资讯网等第三方平台收集相关行业信息。

（二）阅读财务报告及相关分析信息

年度报告资料提供的信息量较大，内容较多，可先有重点地阅览，而后结合财务管理环境进行详细的解读。

重点阅读会计报表、审计报告、主要会计数据和财务指标、重要事项和会计报表附注等资料。

（1）阅读资产负债表

阅读资产负债表，了解公司资产规模及其增减情况、资金来源及其增减变动情况。结合宏观环境初步判断资产变化的合理性。

（2）阅读利润表

阅读利润表，一般从后往前逆向阅读分析，了解公司盈亏情况、盈亏的主要原因及环节；也可利用报表本身提供的前后两年的信息，初步断定利润的发展趋势。

（3）阅读现金流量表

关注现金流量表中的经营现金流量净额，并与利润表中的营业利润相比较，初步判断企业的持续收益能力及投资活动产生的现金净流量正负，以判断企业的发展策略及所处阶段，判断筹资活动产生的现金净流量是否与投资活动相匹配。

（4）阅读所有者权益变动表

首先，关注会计核算因素导致的影响额，包括会计政策变更影响数和前期差错更正，尤其注意前期差错更正数据，结合利润表，分析有没有借此粉饰利润的情形。其次，关注所有者权益本年增减变动情况，包括内部积累和外部筹资或减资影响额的多少。通过利润分配项目初步分析公司的利润分配政策。

（三）进行会计报表水平分析和垂直分析

1）进行会计报表水平分析：编制水平分析表，计算报表各项目的变动额及变动率，以发现异常变动项目。

2）进行会计报表垂直分析：编制垂直分析表，根据结构百分率的大小锁定重要项目。那些大比例项目往往是企业管理中的重点项目。

3）进行小结：通过会计报表水平分析和垂直分析，将在水平分析中变动（变动额和变动率）较大的项目及在垂直分析中占总额比例较大的项目作为重要项目在下一步加以重点分析。

（四）进行会计报表项目分析

在分析会计报表项目时，要综合利用年度报告所提供的表外信息，主要包括主要会计数据和财务指标、经营情况讨论与分析、重要事项、会计报表附注等。将那些变动额和变动幅度较大及结构占比较高的项目作为重点项目加以分析。

企业会计报表中的数据，其基础资料是企业的生产、经营活动资料，在此基础上通过符合会计准则的会计政策、会计估计及其他会计技术将它们加工成财政部颁发的统一的制式会计报表。其中，会计手段有时会使会计业绩产生重大改变甚至方向性改变。因此，在进行重大项目变动分析时，一定要分析清楚哪些是经营活动变化引起的差异，哪些是会计技术手段导致的差异，进而剔除会计技术带来的差异和一过性因素带来的变化，使财务数据能够反映可持续的经营活动信息。在此基础上，分析当期业绩，预测未来走势。

五、实训案例

思创医惠科技股份有限公司2020年财务分析

思创医惠科技股份有限公司（以下简称"思创医惠公司"），股票代码：300078。思创医惠公司的前身是思创医惠科技有限公司，成立于2003年11月20日，注册地位于浙江省杭州市莫干山路1418-48号，2009年整体变更为思创医惠公司，于2010年4月在深圳证券交易所上市，主营硬标签，同时兼营射频软标签、声磁软标签等产品。截至2020年，思创医惠公司依托物联网、人工智能、平台大数据交互、微服务框架、区块链五大核心技术，创造性地将互联网和物联网在平台、网络、终端等各层面进行融合，打造大健康及物联生活的生态平台，形成以智慧医疗、智慧商业、智慧健康、智慧养老为核心的全产业链布局，持续引领行业创新发展，致力于成为全球领先的智慧医疗和物联网应用整体解决方案的供应商。

1．收集财务分析资料

上市公司资料收集主要依赖其发表的公告。本案例分析的资料是在巨潮资讯网收集的思创医惠的2020年年度报告。详见巨潮资讯网。

2．阅读财务报告及相关分析信息

（1）了解公司战略及实施情况

在思创医惠公司的2020年年度报告的经营情况讨论与分析中，将公司的发展战略定位为"以技术创新、行业引领为目标，以智慧医疗产业为核心，带动物联网相关产业发展"。但是，2020年除了智慧医疗业务营业收入同比增长20.20%，公司实现营业收入约147 126.47万元，较上年同期下降6.53%；实现营业利润约12 541.80万元，较上年同期下降23.82%；实现归属于上市公司股东的净利润约10 489.36万元，较上年同期下降28.94%；实现基本每股收益0.12元。

从报告中得知，归属于上市公司股东的扣除非经常性损益的净利润仅约3 134.27万元，同比下降73.82%；经营活动现金净流量净额为-1371.74万元。2020年，思创医惠公司的营业规模、利润双双大幅度下降，距离目标相去甚远，如此大的变化足以引起分析者的重视，要一探究竟，找出变动的原因。

（2）阅读审计报告

对思创医惠公司 2020 年度实施审计的是天健会计师事务所，出具的审计意见是保留意见。

形成保留意见的基础："如财务报表附注十四（三）所述，思创医惠公司及子公司与杭州闻然信息技术有限公司、杭州七护网络科技有限公司、杭州伯仲信息科技有限公司、杭州盈网科技有限公司、杭州易捷医疗器械有限公司等 12 家供应商 2020 年度发生采购交易 16 381.38 万元，部分采购货款在 2020 年以前支付，2020 年 12 月思创医惠公司子公司拟与上述供应商取消采购交易 7 464.00 万元；2020 年 2 月，思创医惠公司向宁波梅山保税港区惠瑞投资管理合伙企业（有限合伙）收购杭州盈网科技有限公司 4.310 3%股权和杭州易捷医疗器械有限公司 18%股权，并支付股权收购款 6 478.00 万元，2021 年 4 月，思创医惠拟取消与宁波梅山保税港区惠瑞投资管理合伙企业（有限合伙）的上述股权转让交易；上述部分供应商及宁波梅山保税港区惠瑞投资管理合伙企业（有限合伙）与思创医惠公司大股东杭州思创医惠集团有限公司及其关联方存在直接或间接的资金往来，并且公司大股东杭州思创医惠集团有限公司存在占用上市公司资金的情况，由于缺少相关资料及思创医惠公司的内控缺陷，我们无法就思创医惠公司与上述公司之间交易的真实性、公允性、准确性及大股东杭州思创医惠集团有限公司及其关联方资金占用的完整性获取充分、适当的审计证据。"

分析：审计报告涉及 3 个关键点。

一是这两笔业务为什么先进行后取消？表象的实质是什么？以预付款的方式支付采购款再主动取消采购，预付款作为定金对方是不返还的；并购预付款在并购合同中又是如何规定的？

二是上市公司与供货商、被并购方有直接或间接的资金往来，那么，是否存在不合理甚至违规的资金往来？采购和并购都是用预付款来将其合理化的吗？

三是天健会计师事务所的表述是"我们无法就思创医惠公司与上述公司之间交易的真实性、公允性、准确性及大股东杭州思创医惠集团有限公司及其关联方资金占用的完整性获取充分、适当的审计证据"。

而且，思创医惠公司的内控存在缺陷。在规模不太大的创业板企业，抵御风险的能力本身就不是很强，加上管理较不规范，内控存在重大缺陷，极易对公司的中小股东造成伤害，甚至威胁到公司存亡。

（3）阅读会计报表

阅读资产负债表，了解公司资产规模增减情况。阅读思创医惠公司 2020 年资产负债表可知，资产规模在增加，详情需展开进一步分析。

阅读利润表，了解公司盈亏，盈亏的关键环节，一般从后往前逆向阅读分析，了解公司盈亏的主要原因及环节；也可利用报表本身提供的 2019 年和 2020 年两年的信息，初步断定利润的发展趋势。从思创医惠公司 2020 年的利润表看，利润为正，企业有盈利，但盈利额小于2019年的盈利额。当然，新冠疫情肆虐，外部环境变动造成的影响不容小觑，故难以对其盈利能力变化的好坏下结论。

阅读现金流量表，首先关注三大板块现金流量净额，初步判断企业所处的发展阶段。在扩张期，因为要扩大生产经营规模，需要大量资金，凭借经营活动积累的现金往往不能满足投资需要，需借助筹资活动来筹措资金，所以这种情况下投资活动产生的现金流量净额会呈现负数，筹资活动产生的现金流量净额一般为正数；相反，如果处于成熟期或衰退期，会维持现有生产能力，不再扩大生产规模，且经营活动现金净流量可用于偿还银行借款，所以此时投资活动产生的现金流量净额一般为正数，筹资活动产生的现金流量净额为负数。

接下来重点关注经营活动现金净流量。经营活动现金净流量除了高速发展阶段，一般为正值；将现金流量表中的经营现金流量净额与利润表中的营业利润相比较，初步判断盈利质量。

2020年思创医惠公司现金及现金等价物净增加额为-98 204 913.40元，其现金流量情况如表8.2所示。

表8.2 思创医惠公司现金流量情况

项目	金额/元
经营活动产生的现金流量净额	-13 707 363.29
投资活动产生的现金流量净额	-459 872 306.83
筹资活动产生的现金流量净额	386 700 938.74
汇率变动对现金及现金等价物的影响	-11 326 182.02
现金及现金等价物净增加额	-98 204 913.40
期末现金及现金等价物余额	406 798 871.02

从三大板块看，思创医惠公司处于扩张期；但是经营活动现金净流量为负值，在上市10年后出现这种状况，是依然处于高速成长期还是经营遇到了困难？经营活动产生的现金流量净额为-13 707 363.29元，而利润表中的营业利润为125 418 021.57元，利润是否有水分呢？进一步分析见水平分析和项目变动分析，以及扣除非经常性损益后的净利润。

3. 进行会计报表水平分析和垂直分析

对思创医惠公司2020年的资产负债表、利润表、现金流量表展开分析。

（1）编制水平分析表、垂直分析表

因为现金流量表的垂直分析意义不大，所以现金流量表只编制水平分析表。计算报表各项目的变动额、变动率及结构百分比，以发现异常变动项目。编制垂直分析表，根据结构百分率的大小锁定重要项目，那些大比例项目往往是企业管理中的重点项目。

1）资产负债表分析。对资产负债表的分析如表8.3和表8.4所示。

表 8.3　合并资产负债表水平分析表

编制单位：思创医惠股份有限公司　　　　　　　　2020 年 12 月 31 日

项目	年末账面余额/元	年初账面余额/元	变动额/元	变动率/%
资产				
流动资产：				
货币资金	608 244 262.41	532 074 102.60	76 170 159.81	14.32
交易性金融资产	5 101 819.31	18 740 100.68	−13 638 281.37	−72.78
应收票据	0	1 112 503.48	−1 112 503.48	−100.00
应收账款	1 029 108 999.72	1 057 208 363.26	−28 099 363.54	−2.66
应收账款融资	3 733 162.11	1 031 468.48	2 701 693.63	261.93
预付款项	25 239 159.27	97 514 475.98	−72 275 316.71	−74.12
其他应收款	142 131 626.17	72 300 824.80	69 830 801.37	96.58
存货	214 303 107.23	245 294 442.02	−30 991 334.79	−12.63
合同资产	164 490 425.94	0	164 490 425.94	
持有待售资产	44 991 731.62	0	44 991 731.62	
其他流动资产	125 995 145.37	230 185 002.84	−104 189 857.47	−45.26
流动资产合计	2 363 339 439.15	2 255 461 284.14	107 878 155.01	4.78
非流动资产：				
长期应付款	43 643 648.35	50 993 734.67	−7 350 086.32	−14.41
长期股权投资	376 510 099.87	373 887 709.34	2 622 390.53	0.70
其他非流动金融资产	180 386 019.75	134 293 265.00	46 092 754.75	34.32
投资性房地产	56 695 315.05	60 524 295.60	−3 828 980.55	−6.33
固定资产	418 007 505.48	349 602 866.28	68 404 639.20	19.57
在建工程	351 464 203.56	106 826 286.64	244 637 916.92	229.01
无形资产	152 843 489.64	98 247 156.04	54 596 333.60	55.57
开发支出	15 941 802.20	22 000 038.74	−6 058 236.54	−27.54
商誉	676 385 901.84	679 431 751.73	−3 045 849.89	−0.45
长期待摊费用	34 409 028.91	32 326 511.32	2 082 517.59	6.44
递延所得税资产	36 891 899.34	25 431 052.41	11 460 846.93	45.07
其他非流动资产	15 803 509.33	35 590 800.00	−19 787 290.67	−55.60
非流动资产合计	2 358 982 423.32	1 969 155 467.77		
资产总计	4 722 321 862.47	4 224 616 751.91	497 705 110.56	11.78
负债				
流动负债：				
短期借款	535 599 145.01	506 679 330.68	28 919 814.33	5.71
应付票据	17 178 115.51	36 279 069.18	−19 100 953.67	−52.65
应付账款	211 559 927.89	178 137 250.40	33 422 677.49	18.76
预收款项	0	15 592 437.97	−15 592 437.97	−100.00
合同负债	25 189 667.13	0.00	25 189 667.13	
应付职工薪酬	47 315 788.17	58 523 290.59	−11 207 502.42	−19.15

续表

项目	年末账面余额/元	年初账面余额/元	变动额/元	变动率/%
应交税费	76 014 035.80	75 494 300.84	519 734.96	0.69
其他应付款	92 342 943.97	32 644 780.71	59 698 163.26	182.87
一年内到的非流动负债	122 533 175.87	108 034 456.07	14 498 719.80	13.42
其他流动负债	2 167 166.27	0	2 167 166.27	
流动负债合计	1 129 899 965.62	1 011 384 916.44	118 515 049.18	11.72
非流动负债:			0.00	
长期借款	578 917 980.54	268 687 211.09	310 230 769.45	115.46
预计负债	418 600.00	418 300.00	300.00	0.07
其他非流动负债	14 440 000.00	0	14 440 000.00	
非流动负债合计	593 776 580.54	269 105 511.09	324 671 069.45	120.65
负债合计	1 723 676 546.16	1 280 490 427.53	443 186 118.63	34.61
股东权益:			0.00	
股本	869 411 466.00	859 275 466.00	10 136 000.00	1.18
资本公积	1 390 490 809.85	1 317 085 260.26	73 405 549.59	5.57
减: 库存股	63 729 086.40		63 729 086.40	
其他综合收益	−5 099 129.68	−3 236 652.35	−1 862 477.33	57.54
盈余公积	72 600 033.72	72 600 033.72	0.00	0.00
未分配利润	682 236 774.95	646 202 481.56	36 034 293.39	5.58
归属于母公司股东权益合计	2 945 910 868.44	2 891 926 589.19	53 984 279.25	1.87
少数股东权益	52 734 447.87	52 199 735.19	534 712.68	1.02
股东权益合计	2 998 645 316.31	2 944 126 324.38	54 518 991.93	1.85
负债和股东权益总计	4 722 321 862.47	4 224 616 751.91	497 705 110.56	11.78

表8-4 合并资产负债表垂直分析表

编制单位: 思创医惠股份有限公司　　　　　2020 年 12 月 31 日

项目	年末账面余额/元	年初账面余额/元	年末结构/%	年初结构/%	结构变化/%
资产					
流动资产:					
货币资金	608 244 262.41	532 074 102.60	12.88	12.59	0.29
交易性金融资产	5 101 819.31	18 740 100.68	0.11	0.44	−0.34
应收票据	0	1 112 503.48	0.00	0.03	−0.03
应收账款	1 029 108 999.72	1 057 208 363.26	21.79	25.02	−3.23
应收账款融资	3 733 162.11	1 031 468.48	0.08	0.02	0.05
预付款项	25 239 159.27	97 514 475.98	0.53	2.31	−1.77
其他应收款	142 131 625.17	72 300 824.80	3.01	1.71	1.30
存货	214 303 107.23	245 294 442.02	4.54	5.81	−1.27
合同资产	164 490 425.94	0	3.48	0.00	3.48
持有待售资产	44 991 731.62	0	0.95	0.00	0.95

项目	年末账面余额/元	年初账面余额/元	年末结构/%	年初结构/%	结构变化/%
其他流动资产	125 995 145.37	230 185 002.84	2.67	5.45	-2.78
流动资产合计	2 363 339 439.15	2 255 461 284.14	50.05	53.39	-3.34
非流动资产:			0.00	0.00	0.00
长期应付款	43 643 648.35	50 993 734.67	0.92	1.21	-0.28
长期股权投资	376 510 099.87	373 887 709.34	7.97	8.85	-0.88
其他非流动金融资产	180 386 019.75	134 293 265.00	3.82	3.18	0.64
投资性房地产	56 695 315.05	60 524 295.60	1.20	1.43	-0.23
固定资产	418 007 505.48	349 602 866.28	8.85	8.28	0.58
在建工程	351 464 203.56	106 826 286.64	7.44	2.53	4.91
无形资产	152 843 489.64	98 247 156.04	3.24	2.33	0.91
开发支出	15 941 802.20	22 000 038.74	0.34	0.52	-0.18
商誉	676 385 901.84	679 431 751.73	14.32	16.08	-1.76
长期待摊费用	34 409 028.91	32 326 511.32	0.73	0.77	-0.04
递延所得税资产	36 891 899.34	25 431 052.41	0.78	0.60	0.18
其他非流动资产	15 803 509.33	35 590 800.00	0.33	0.84	-0.51
非流动资产合计	2 358 982 423.32	1 969 155 467.77	49.95	46.61	3.34
资产总计	4 722 321 862.47	4 224 616 751.91	100.00	100.00	0.00
负债			0.00	0.00	0.00
流动负债:			0.00	0.00	0.00
短期借款	535 599 145.01	506 679 330.68	11.34	11.99	-0.65
应付票据	17 178 115.51	36 279 069.18	0.36	0.86	-0.49
应付账款	211 559 927.89	178 137 250.40	4.48	4.22	0.26
预收款项	0	15 592 437.97	0.00	0.37	-0.37
合同负债	25 189 667.13	0.00	0.53	0.00	0.53
应付职工薪酬	47 315 788.17	58 523 290.59	1.00	1.39	-0.38
应交税费	76 014 035.80	75 494 300.84	1.61	1.79	-0.18
其他应付款	92 342 943.97	32 644 780.71	1.96	0.77	1.18
一年内到的非流动负债	122 533 175.87	108 034 456.07	2.59	2.56	0.04
其他流动负债	2 167 166.27	0	0.05	0.00	0.05
流动负债合计	1 129 899 965.62	1 011 384 916.44	23.93	23.94	-0.01
非流动负债:			0.00	0.00	0.00
长期借款	578 917 980.54	268 687 211.09	12.26	6.36	5.90
预计负债	418 600.00	418 300.00	0.01	0.01	0.00
其他非流动负债	14 440 000.00	0	0.31	0.00	0.31
非流动负债合计	593 776 580.54	269 105 511.09	12.57	6.37	6.20
负债合计	1 723 676 546.16	1 280 490 427.53	36.50	30.31	6.19
股东权益:			0.00	0.00	0.00
股本	869 411 466.00	859 275 466.00	18.41	20.34	-1.93

项目	年末账面余额/元	年初账面余额/元	年末结构/%	年初结构/%	结构变化/%
资本公积	1 390 490 809.85	1 317 085 260.26	29.45	31.18	−1.73
减：库存股	63 729 086.40		1.35	0.00	1.35
其他综合收益	−5 099 129.68	−3 236 652.35	−0.11	−0.08	−0.03
盈余公积	72 600 033.72	72 600 033.72	1.54	1.72	−0.18
未分配利润	682 236 774.95	646 202 481.56	14.45	15.30	−0.85
归属于母公司股东权益合计	2 945 910 868.44	2 891 926 589.19	62.38	68.45	−6.07
少数股东权益	52 734 447.87	52 199 735.19	1.12	1.24	−0.12
股东权益合计	2 998 645 316.31	2 944 126 324.38	63.50	69.69	−6.19
负债和股东权益总计	4 722 321 862.47	4 224 616 751.91	100.00	100.00	0.00

2）利润表分析。对利润的分析如表8.5和表8.6所示。

表8.5　合并利润表水平分析表

编制单位：思创医惠股份有限公司　　　　　　　2020 年度

项目	本年发生额/元	上年发生额/元	变动额/元	变动率/%
一、营业总收入	1 471 264 743.10	1 573 993 606.47	−102 728 863.37	−6.53
其中：营业收入	1 471 264 743.10	1 573 993 606.47	−102 728 863.37	−6.53
二、营业总成本	1 329 996 879.80	1 399 087 689.99	−69 090 810.19	−4.94
其中：营业成本	860 256 812.27	936 028 688.01	−75 771 875.74	−8.10
税金及附加	10 762 347.36	9 948 819.79	813 527.57	8.18
销售费用	97 462 987.69	128 313 322.23	−30 850 334.54	−24.04
管理费用	162 650 671.26	152 597 375.93	10 053 295.33	6.59
研发费用	162 253 754.15	138 080 781.60	24 172 972.55	17.51
财务费用	36 610 307.07	34 118 702.43	2 491 604.64	7.30
其中：利息费用	31 407 367.48	29 365 044.38	2 042 323.10	6.95
利息收入	3 650 752.87	3 066 406.13	584 346.74	19.06
加：其他收益	80 053 208.02	47 473 339.17	32 579 868.85	68.63
投资收益（损失以"−"号填列）	−2 159 643.29	3 507 645.84	−5 667 289.13	−161.57
其中：对联营企业和合营企业的投资收益	−25 095 171.80	−3 892 234.01	−21 202 937.79	544.75
公允价值变动收益（损失以"−"号填列）	−1 222 098.60	335 076.34	−1 557 174.94	−464.72
信用减值损失（损失以"−"号填列）	−74 873 914.23	−60 793 173.95	−14 080 740.28	23.16
资产减值损失（损失以"−"号填列）	−17 821 228.17	−1 111 965.06	−16 709 263.11	1502.68
资产处置收益（损失以"−"号填列）	173 834.54	310 032.21	−136 197.67	−43.93
三、营业利润	125 418 021.57	164 626 871.03	−39 208 849.46	−23.82
加：营业外收入	289 003.41	842 643.21	−553 639.80	−65.70

续表

项目	本年发生额/元	上年发生额/元	变动额/元	变动率/%
减：营业外支出	413 198.01	583 984.51	−170 786.50	−29.25
四、利润总额	125 293 826.97	164 885 529.73	−39 591 702.76	−24.01
减：所得税费用	18 330 816.79	18 644 141.02	−313 324.23	−1.68
五、净利润	106 963 010.18	146 241 388.71	−39 278 378.53	−26.86
（一）按经营持续性分类				
1. 持续经营净利润	106 963 010.18	146 241 388.71	−39 278 378.53	−26.86
2. 终止经营净利润				
（二）按所有权归属分类				
1. 归属于母公司股东的净利润	104 893 557.97	147 607 911.10	−42 714 353.13	−28.94
2. 少数股东损益	2 069 452.21	−1 366 522.39	3 435 974.60	−251.44
六、其他综合收益的税后净额	−3 338 719.25	−1 181 157.73	−2 157 561.52	182.66
归属于母公司所有者的其他综合收益的税后净额	−1 862 477.33	−1 253 509.44	−608 967.89	48.58
归属于少数股东的其他综合收益的税后净额	−1 476 241.92	72 351.71	−1 548 593.63	−2140.37
七、综合收益总额	103 624 290.93	145 060 230.98	−41 435 940.05	−28.56
归属于母公司所有者的综合收益总额	103 031 080.64	146 354 401.66	−43 323 321.02	−29.60
归属于少数股东的综合收益总额	593 210.29	−1 294 170.68	1 887 380.97	−145.84
八、每股收益				
（一）基本每股收益	0.12	0.18	−0.06	−33.33
（二）稀释每股收益	0.12	0.18	−0.06	−33.33

表 8.6　合并利润表垂直分析表

编制单位：思创医惠股份有限公司　　　　　　2020 年度

项目	本年发生额/元	上年发生额/元	本年结构/%	上年结构/%	结构变化/%
一、营业总收入	1 471 264 743.10	1 573 993 606.47	100.00	100.00	0.00
其中：营业收入	1 471 264 743.10	1 573 993 606.47	100.00	100.00	0.00
二、营业总成本	1 329 996 879.80	1 399 087 689.99	90.40	88.89	1.51
其中：营业成本	860 256 812.27	936 028 688.01	58.47	59.47	−1.00
税金及附加	10 762 347.36	9 948 819.79	0.73	0.63	0.10
销售费用	97 462 987.69	128 313 322.23	6.62	8.15	−1.53
管理费用	162 650 671.26	152 597 375.93	11.06	9.69	1.36
研发费用	162 253 754.15	138 080 781.60	11.03	8.77	2.26
财务费用	36 610 307.07	34 118 702.43	2.49	2.17	0.32
其中：利息费用	31 407 367.48	29 365 044.38	2.13	1.87	0.27
利息收入	3 650 752.87	3 066 406.13	0.25	0.19	0.05
加：其他收益	80 053 208.02	47 473 339.17	5.44	3.02	2.43
投资收益（损失以"−"号填列）	−2 159 643.29	3 507 645.84	−0.15	0.22	−0.37

项目	本年发生额/元	上年发生额/元	本年结构/%	上年结构/%	结构变化/%
其中：对联营企业和合营企业的投资收益	−25 095 171.80	−3 892 234.01	−1.71	−0.25	−1.46
公允价值变动收益（损失以"−"号填列）	−1 222 098.60	335 076.34	−0.08	0.02	−0.10
信用减值损失（损失以"−"号填列）	−74 873 914.23	−60 793 173.95	−5.09	−3.86	−1.23
资产减值损失（损失以"−"号填列）	−17 821 228.17	−1 111 965.06	−1.21	−0.07	−1.14
资产处置收益（损失以"−"号填列）	173 834.54	310 032.21	0.01	0.02	−0.01
三、营业利润	125 418 021.57	164 626 871.03	8.52	10.46	−1.93
加：营业外收入	289 003.41	842 643.21	0.02	0.05	−0.03
减：营业外支出	413 198.01	583 984.51	0.03	0.04	−0.01
四、利润总额	125 293 826.97	164 885 529.73	8.52	10.48	−1.95
减：所得税费用	18 330 816.79	18 644 141.02	1.25	1.18	0.06
五、净利润	106 963 010.18	146 241 388.71	7.27	9.29	−2.02

3）现金流量表分析。对现金流量表的分析如表8.7所示。

表8.7 合并现金流量表水平分析表

编制单位：思创医惠股份有限公司 2020 年度

项目	本年发生额/元	上年发生额/元	变动额/元	变动率%
一、经营活动产生的现金流量				
销售商品、提供劳务收到的现金	1 261 003 875.13	1 242 291 971.26	18 711 903.87	1.51
收到的税费返还	66 633 749.89	62 459 648.92	4 174 100.97	6.68
收到其他与经营活动有关的现金	146 145 868.00	161 474 903.77	−15 329 035.77	−9.49
经营活动现金流入小计	1 473 783 493.02	1 466 226 523.95	7 556 969.07	0.52
购买商品、接受劳务支付的现金	635 457 723.27	749 433 426.84	−113 975 703.57	−15.21
支付给职工以及为职工支付的现金	363 609 357.64	348 217 107.13	15 392 250.51	4.42
支付的各项税费	78 499 509.10	89 663 210.82	−11 163 701.72	−12.45
支付其他与经营活动有关的现金	409 924 266.30	274 896 726.95	135 027 539.35	49.12
经营活动现金流出小计	1 487 490 856.31	1 462 210 471.74	25 280 384.57	1.73
经营活动产生的现金流量净额	−13 707 363.29	4 016 052.21	−17 723 415.50	−441.31
二、投资活动产生的现金流量				
收回投资收到的现金	6 356 523.00	10 385 769.00	−4 029 246.00	−38.80
取得投资收益收到的现金	10 257 153.93	11 081 300.06	−824 146.13	−7.44
处置固定资产、无形资产和其他长期资产收回的现金	276 105.35	2 217 031.82	−1 940 926.47	−87.55
收到其他与投资活动有关的现金	977 167 983.03	146 356 958.05	830 811 024.98	567.66
投资活动现金流入小计	994 057 765.31	170 041 058.93	824 016 706.38	484.60
购建固定资产、无形资产和其他长期资产支付的现金	477 686 760.14	243 257 882.91	234 428 877.23	96.37

项目	本年发生额/元	上年发生额/元	变动额/元	变动率%
投资支付的现金	112 586 700.00	29 943 300.00	82 643 400.00	276.00
支付其他与投资活动有关的现金	863 656 612.00	387 178 433.62	476 478 178.38	123.06
投资活动现金流出小计	1 453 930 072.14	660 379 616.53	793 550 455.61	120.17
投资活动产生的现金流量净额	-459 872 306.83	-490 338 557.60	30 466 250.77	-6.21
三、筹资活动产生的现金流量				
吸收投资收到的现金	63 856 800.00	567 182 047.56	-503 325 247.56	-88.74
其中：子公司吸收少数股东投资收到的现金	0	600 000.00	-600 000.00	-100.00
取得借款收到的现金	1 170 737 802.50	724 103 710.00	446 634 092.50	61.68
收到其他与筹资活动有关的现金	14 440 000.00	1 100 000.00	13 340 000.00	1 212.73
筹资活动现金流入小计	1 249 034 602.5	1 292 385 757.6	-43 351 155.06	-3.35
偿还债务支付的现金	810 854 732.50	701 040 470.00	109 814 262.50	15.66
分配股利、利润或偿付利息支付的现金	50 407 912.39	46 815 481.92	3 592 430.47	7.67
其中：子公司支付给少数股东的股利、利润	0	1 821 734.87	-1 821 734.87	-100.00
支付其他与筹资活动有关的现金	1 071 018.87	20 996 757.80	-19 925 738.93	-94.90
筹资活动现金流出小计	862 333 663.76	768 852 709.72	93 480 954.04	12.16
筹资活动产生的现金流量净额	386 700 938.74	523 533 047.84	-136 832 109.10	-26.14
四、汇率变动对现金及现金等价物的影响	-11 326 182.02	-365 351.63	-10 960 830.39	3 000.08
五、现金及现金等价物净增加额	-98 204 913.40	36 845 190.82	-135 050 104.22	-366.53
加：期初现金及现金等价物余额	505 003 784.42	468 158 593.60	36 845 190.82	7.87
六、期末现金及现金等价物余额	406 798 871.02	505 003 784.42	-98 204 913.40	-19.45

（2）锁定重大变动及异常变动项目和重要项目。

通常，重大变动项目和异常项目根据变动额和变动率两个指标来选择。有些项目因为基期数据小，可能绝对额变化不大，但变动幅度很大，有些相反。所以根据变动额和变动率双指标来选择需要重点分析的项目。

垂直分析的目的是锁定重要项目。根据垂直分析结果，对结构占比较高的项目进行重点管控和分析，不管其分析期变化大与小，都要纳入重要项目分析。

1）思创医惠公司资产负债表重要变动项目的确定。根据资产规模和具体计算情况，确定同时满足变动额超过5 000万元、变动率超过10%的项目作为下一步重点分析项目。按照这一标准，货币资金、预付款项、其他应收款、固定资产、在建工程、无形资产、其他应付款、长期借款等8个项目应纳入重点分析之列；按照垂直分析结果，金额占到总资产20%以上的项目锁定为重要项目，满足此条件的只有应收账款。

小结：根据资产负债表一般分析（包括水平分析和垂直分析）结果，将货币资金、预付账款、应收款项、其他应收款、固定资产、在建工程、无形资产、其他应付款、长期借款等9个项目应纳入重点分析之列。

2）根据利润表水平分析计算表，以变动额超过 1 000 万元、变动率超过 20%为标准，选定销售费用、其他收益、对联营企业和合营企业的投资收益、信用减值损失、资产减值损失等 5 个重大变动项目；根据垂直分析计算表，将占营业收入 10%以上的项目作为重要项目纳入重点分析之列，符合标准的有营业收入、营业成本、管理费用、研发费用 4 个项目。

小结：根据利润表一般分析结构，确定营业收入、营业成本、销售费用、管理费用、研发费用、其他收益、对联营企业的投资收益、信用减值损失、资产减值损失共 9 个项目作为利润表的下一步重点分析项目。

3）根据现金流量表水平分析结果，以变动额超过 1 亿元、变动率超过 10%为标准，选定购买商品接受劳务支付的现金、支付其他与经营活动有关的现金、收到其他与投资活动有关的现金、购建固定资产、无形资产和其他长期资产支付的现金、支付其他与投资活动有关的现金这 5 个项目作为重点分析项目。其中，购建固定资产、无形资产和其他长期资产支付的现金这几个项目与资产负债表分析项目的资料可以相互借鉴。

4．进行会计报表重点项目分析

在进行会计报表重点项目分析时，要综合利用年度报告所提供的表外信息，主要包括会计数据和业务数据、经营情况讨论与分析、重要项目、会计报表附注等，上市公司发布的任何公开信息及行业信息。项目分析要尽量还原经济业务的真实情况，揭示数据背后的真实动因。

1）资产负债表中以货币资金为例来剖析其变动的背后原因，旨在提供如何进行深度分析的思路。其他项目分析可留待学生去探讨。

货币资金是一个牵涉面很广的项目，投资活动、筹资活动、经营活动都与其关联。从资产负债表水平分析结果看，思创医惠公司 2020 年货币资金增加 7 617 万元，增幅达到 14.32%，但是从现金流量表看，期末现金及现金等价物净减少 9 820 万元，降幅达到 19.45%。为什么会出现这样矛盾的结论呢？已审的财务报告并未对此提出异议，应该是现金及等价物和货币资金口径上有差异，需进一步搜集信息来验证猜测。

因为企业持有货币资金的直接目的是应对日常经营所需，所以首先要分析货币资金的变化有多大幅度和金额是随经营规模变动的。在本案例中，2020 年思创医惠公司的营业收入是下降的，下降 6.53%。在思创医惠公司的应收账款政策没有变化，供货商的应付账款政策也没有变化的情况下，货币资金由于经营活动其持有额该下降 6.53%左右。因此，货币资金的增加肯定另有他因。进一步阅读会计报表附注（表 8.8），发现："其他货币资金期末数中含银行承兑汇票保证金 200 000 413.73 元，信用证保证金 1 444 977.66 元；期初数中含保函保证金 1 420 417.44 元，贷款保证金 1 744 050.00 元，锁汇保证金 2 332 869.99 元，银行承兑汇票保证金 21 572 980.75 元。"其他货币资金因为使用受到限制，不属于现金流量表中现金及现金等价物的概念，仅此一项，导致货币资金较现金流量就多出 174 364 968.45（201 450 273.95-27 085 305.50）元。

表 8.8　货币资金明细表　　　　　　　　　　　单位：元

项目	期末余额	期初余额
库存现金	184 588.85	318 425.37
银行存款	406 609 399.61	504 670 371.73
其他货币资金	201 450 273.95	27 085 305.50
合计	608 244 262.41	532 074 102.60

引起货币资金大幅度变化的因素还包括重大的筹资和投资活动。这部分应该结合现金流量表来分析。从 2020 年度思创医惠公司三大现金流量板块看，经营活动现金净流量为-13 707 363.29 元，即经营活动有资金缺口将近 1 371 万元；投资活动产生的现金流量净额为-459 872 306.83 元，即缺口为 459 872 306.83 元；本期筹资活动产生的现金流量净额为 386 700 938.74 元，外部筹资在满足投资所需后，投资仍有缺口 73 171 368.09 元。

进一步分析经营活动现金净流量，发现本期经营活动产生的现金流入量略有增加，经营活动现金流出量中其他项目起伏不大，唯有"支付的其他与经营活动有关的现金"却增加 13 500 万元，增幅达到 49%。进一步分析发现，本期仅支付的票据、保函、承兑保证金就高达 13 133 万元，剔除此项影响，经营活动创造现金流量能力基本与 2019 年持平。

小结：由以上分析可知，2020 年度企业经营活动创造现金的能力基本保持在 2019 年的水平，但是投资活动资金缺口较大，好在期初有较多的现金结余，所以本期现金并未断流；从表面看，货币资金在增加，但是增加的是有使用限制的其他货币资金，是经营活动中赊购的保障，投资活动所需资金只能依靠以前年度结余的现金来保障项目的推进。

2）利润表中的重点项目也应进行分析。这里我们以利润表项目"营业收入"分析来引导学生掌握分析思路及深度。

"营业收入"因为重要，所以被作为重点分析项目。收入本期减少 102 728 863.37 元，减幅为 6.53%。从变动幅度看，不算太大，但营业收入是利润的源泉，无论从性质上还是规模上看，都是非常重要的项目，所以应该重点加以分析。

一是要弄清楚收入的构成，以便掌握企业的主营业务有无变化及变化详情。从会计报表附注中分部报表来了解这部分内容。很遗憾，思创医惠公司的会计报表附注没有提供分部报告信息，故无法进行分析。

二是从会计政策和会计估计看，本期收入确认标准和方法有无调整。思创医惠公司 2020 年度报告会计报表附注部分仅介绍如何做，是否发生变化未予说明，无法下结论。

三是将"营业收入"与现金流量表中的"销售商品提供劳务收到的现金"进行对比，分析本期收入质量的高低。本期营业收入为 1 471 264 743.10 元，销售商品接受劳务收到的现金为 1 261 003 875.13 元，收付实现制下的收入与权责发生制下的收入比约为 86%，说明本期收入质量不高。

四是将营业收入的变动幅度与净利润的增减变动幅度进行对比，初步分析本期成本费用控制的效率。如果营业收入增长幅度小于利润增长幅度，则初步判断成本费用控制得较好；反之，则控制较差。思创医惠公司本期营业收入减少 6.53%，本期净利润减少 26.86%（因为净利润的计算掺杂了很多非经营因素，所以净利润应该使用扣除非经常性损益后的净利润，借用年度报告中"会计数据和财务指标"的相关数据，本期"归属于上市公司股东的扣除非经常性损益后的净利润"下降73.82%），说明本期成本费用控制不佳。进一步追踪，需借助成本费用分析。

此外，将营业收入增长幅度与资产总额增长幅度进行对比，可以了解资产增长的效率。当营业收入的增长幅度大于资产的增长幅度时，说明本期增长的资产使得资源配置更加合理，使用更加有效。反之，说明资产增长的效率不佳。当然，要排除本期增长的资产中没有投入生产经营活动的"在建工程"，否则，不能简单地下结论。本期资产总额增加 497 705 110.56 元，增幅 11.78%，其中，在建工程增加 244 637 916.92 元，尽管占的份额较大，但一增一减说明本年资产增长效率不佳。

小结：思创医惠公司 2020 年度报告中关于"营业收入"部分未按照中国证监会公布的《公开发行证券的公司信息披露内容与格式准则第 2 号——年度报告的内容与格式（2021 年修订）》编制"营业收入"附注的相关内容，但作为分析思路，最少要从以上 4 个方面分析，剖析相关内容，对营业收入进行系统、全面的分析。

六、实训练习

从巨潮资讯网下载一家上市公司最近一年的年度报告进行以下操作并回答问题。

实训要求：

（1）阅读财务报表

1）公司资产规模及其增减情况，资金来源及其增减变动情况是怎样的？该公司的资产负债表是风险型还是稳健型的结构？

2）公司是盈利还是亏损？盈亏的主要原因及环节分别是什么？

3）投资活动产生的净现金流量和筹资活动产生的净现金流量是多少？企业的发展策略及所处阶段和筹资活动产生的现金净流量是否与投资活动相匹配？现金余缺是怎样解决的？

（2）进行水平分析和垂直分析

1）你选择重大变动项目的标准是什么？重要项目的标准又是什么？在此标准下重大变动项目和重要项目有哪些？

2）重大变动项目的变动原因是什么？

3）你对该公司本年的总体评价如何？

实验九 股利分配模拟实验

一、实验目的

通过本实验，学生能够熟悉企业股利分配的过程，了解不同股利政策的优缺点，掌握企业股利分配应考虑的因素及企业在不同发展阶段的股利政策选择；把握股利政策与企业筹资、投资及其股票市场价格之间的关系，能结合企业的具体情况设计股利分配方案。

二、实验流程

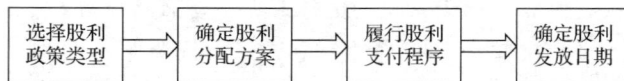

三、实验时间

本实验 4 学时，每学时 50 分钟。可以根据实验需要、专业特点等进行适当调整。实验内容及学时安排如表 9.1 所示。

表 9.1 实验内容及学时安排

实验内容	选择股利政策	确定股利分配方案	履行股利支付程序	确定发放时间
学时安排	1 学时	1.5 学时	1 学时	0.5 学时

四、实验内容与步骤

股利分配是指股份公司向股东分派股利，是公司利润分配的一部分，包括股利支付程序中各日期的确定、股利支付比率的确定、支付现金股利所需资金的筹集方式的确定等。股份公司在制定股利分配政策时，要遵循一定的原则，并充分考虑影响股利分配政策的相关因素与市场反应，使公司的收益分配规范化。

（一）选择股利政策

股利分配政策是指股份公司管理层对与股利有关的事项所采取的方针政策。作为股份公司的核心财务政策之一，股利分配的多少，既关系到股东本期的收益水平，又关系到公司的未来发展，因此一直受到利益相关者的关注。公司选取股利政策时，必须结合自身情况，选择适合本公司当前和未来发展的股利政策。其中，公司目前所处的发展阶段是居主导地位的影响因素，公司应根据自己所处的发展阶段来确定相应的股利政策。

1. 剩余股利政策

剩余股利政策是指公司生产经营所获得的税后利润首先应考虑满足公司投资项目的需要，在满足了这些投资项目的资金需求、增加的资本额达到预定的目标资本结构后，若有剩余，公司才能将剩余部分作为股利发放给股东。采用剩余股利政策时，应遵循以下步骤决定股利的分配额。

1）设定目标资本结构，即确定权益资本与债务资本的比率，在此资本结构下，加权平均资本成本将达到最低水平。

2）确定目标资本结构下投资所需的权益资本数额。

3）以税后利润来满足可接受投资项目所需的权益资本数额。

4）满足投资需要后的剩余部分用于股东分配股利。

该政策能充分利用筹资成本低的资金来源，保持理想的资金结构，使综合资金成本最低。但该政策将使股利的发放额每年随投资机会和盈利水平的波动而波动，不利于投资者安排收入和支出，也不利于公司树立良好的形象。

在公司发展的初创阶段，由于面临的经营风险和财力风险都很高，公司急需大量资金投入，融资能力差，即使获得了外部融资，资金成本一般也很高。因此，在此阶段，公司适合选择剩余股利政策。在公司发展的衰退阶段，产品销售收入减少，利润下降，公司为了不被解散或不被其他公司兼并重组，需要投入新的行业和领域，以求新生。在此阶段，公司也适合采用剩余股利政策。

2. 固定股利支付率政策

固定股利支付率政策是指公司确定一个股利占净利润的比率，并长期按此比率支付股利的政策。该政策是一种变动的股利政策，在此政策下，各年股利额随公司经营的好坏而上下波动，获得较多盈余的年份股利额较高，获得盈余少的年份股利额较低。

固定股利支付率政策能够使股利与公司净利润紧密结合，以体现多赢多分、少盈少分、不盈不分的原则，真正公平对待每个股东，并且不会给公司造成较大的财务负担。但公司的股利水平可能变动较大、忽高忽低，这样可能向投资者传递该公司经营不稳定的信息，容易使股票价格产生较大的波动，不利于树立良好的公司形象。

在公司发展的成熟阶段，产品市场趋于饱和，销售收入不再增长，盈利比较稳定。在此阶段，公司通常已积累了一定的盈余和资金，为了与公司的发展阶段相适应，公司可考虑选择固定股利支付率政策。

3. 固定股利政策

固定股利政策是指每年发放的股利固定在一定的水平上，并在较长时间内保持不变，只有当公司认为未来盈余将会显著地、不可逆转地增长时，才会提高股利发放额。

稳定性股利支付政策可以消除投资者内心的不确定性，可以满足那些需要固定现金收入的股东的需要，并且有利于机构投资者购买公司股票。但这种股利政策会使股利支付与公司盈利相脱节，给公司的财务运作带来压力。尤其是在公司出现短暂的困难时，如果派发的股利金额大于公司实现的盈利，必将侵蚀公司的留存收益或资本，影响公司的发展和正常经营。

在公司发展的成长阶段，可以考虑选择固定股利政策。

4. 稳定增长股利政策

稳定增长股利政策是指在一定的时期内保持公司的每股股利额稳定增长的股利政策。采用这种股利政策的公司一般会随着公司盈利的增加，保持每股股利平稳提高。公司确定一个稳定的股利增长率，实际上是向投资者传递该公司经营业绩稳定增长的信息，可以降低投资者对该公司经营风险的担心，从而有利于股票价格上涨。

在公司发展的稳定增长阶段，公司产品的市场容量、销售收入稳定增长，对外投资需求减少，公司的盈利水平呈上升趋势，公司已具备持续支付较高股利的能力，此时，理想的股利政策应是稳定增长股利政策。

5. 低正常股利加额外股利政策

低正常股利加额外股利政策是指在一般情况下，公司每年只支付较低的正常股利，只有当公司盈利多时，才支付正常股利之外的额外股利。

这种股利政策不仅可以增强股东对企业的信心，而且又给公司以较大的灵活性。即使公司盈利很少或需要多留盈利时，仍可发放固定的正常股利；而当公司盈利较多时，还可给股东额外的股利。当公司无盈利时仍要支付一定的股利，容易引起资金短缺，导致财务状况恶化。

在公司发展的高速增长阶段，公司的产品销售急剧上升，投资机会快速增加，资金需求大而紧迫。此时公司的发展前景已相对较明朗，投资者有分配股利的要求。为了平衡这两方面的要求，应采取低正常股利加额外股利政策，股利支付方式应采用股票股利的形式避免现金支付。此外，季节性经营公司或盈利经常波动的公司也适合采取低正常股利加额外股利政策。

（二）确定股利分配方案

1. 定性分析

在确定股利分配方案时，首先进行定性分析，主要是确定是否发放股利、选择何种股利政策、确定股利支付水平及支付形式等。

（1）选择股利政策类型

股份公司选择股利政策类型通常需要考虑以下几个因素。

1）公司所处的发展阶段。在不同的发展阶段，公司的股利政策会受到不同的影响。在初创阶段和高速发展阶段，公司急需资金投入，一般来讲，股利支付率相对较低；在稳定增长阶段，公司能以较大的投利支付比率把收益转移给股东；在成熟阶段，由于投入产出相对稳定，股利支付率和股票收益率都将几乎保持不变。

2）公司支付能力的稳定性。资产的流动性是指公司资产转化为现金的难易程度。如果公司的资产有较强的流动性，现金来源较宽裕，则公司具有较强的股利支付能力。

3）公司获利能力的稳定性。一般来讲，一个公司的盈利水平越稳定，则其股利支付水平越高；盈利水平波动越大，其股利支付水平越低。

4）公司目前的投资机会。如果公司有较多的投资机会，往往采用低股利、高留存利润的政策；反之，如果投资机会较少，就可能采用高股利政策。当然，在采用低股利政策时，公司管理层必须向股东充分披露以留存利润投资于盈利高的项目，以取得股东的信任和支持。

5）投资者的态度。从稳定收入的角度考虑，靠股利维持生活的股东要求支付稳定的股利。从控制权的角度考虑，具有控制权的股东往往希望少分股利。原因在于如果公司的股利支付率高，就会导致保留盈余减少，这又意味着将来发行新股的可能性加大，而发行新股会稀释公司的控制权。因此，具有控制权的股东往往主张限制股利的支付，而愿意较多地保留盈余，以防止控制权旁落他人。

（2）确定股利支付水平

股利支付水平通常用股利支付率来衡量，股利支付率是公司年度现金股利总额与净利润总额的比率，或者是公司年度每股股利与年度每股净利润的比率。计算公式为

$$P_{\mathrm{d}} = \mathrm{DPS} / \mathrm{EPS} \times 100\%$$

式中：　P_{d}——股利支付率；

DPS——年度每股股利；

EPS——年度每股净利润。

股利支付率用来评价公司实现的净利润中有多少用于给股东分派红利。

股利支付水平的确定要权衡下列因素。

1）公司的再筹资能力及筹资成本。如果公司的筹资能力较强，则其股利支付水平较高；反之，则其股利支付水平较低。在公司筹资过程中，筹资成本的高低也是影响股利支付水平的重要因素。留存收益与发行新股或举债相比，具有成本低的优点。因此，很多公司在确定收益分配政策时，往往将公司的净利润作为首选的筹资渠道，特别是负债资金较多、资本结构欠佳的时期。

2）债务契约。一般来说，股利支付水平越高，留存收益越少，公司破产风险就越大，就越有可能侵害到债权人的利益。因此，债权人为了保证自己的利益不受侵害，通

常会在借款合同、债券契约及租赁合同中加入关于借款公司股利政策条款，以限制公司股利的发放。

3）法律因素。为了保护债权人和股东的利益，法律法规就公司的收益分配做出了规定，公司的收益分配政策必须符合相关法律规范的要求。一是资本保全约束。要求公司股利的发放不能侵蚀资本，即当公司没有可供分配的利润时，不得派发股利。这样做的目的在于防止公司任意减少资本结构中的所有者权益的比例，以保护债权人利益。根据资本保全约束，公司派发的股利只能来源于当期利润或留存收益，不能来源于资本公积和实收资本。二是偿债能力约束。保证在现金股利分配后公司仍能保持较强的偿债能力。三是资本积累约束。企业在分配收益时，必须按一定的比例和基数提取法定公积金。另外，企业在进行股利分配时，贯彻"无利不分"的原则。四是超额累积利润约束。限制公司的利润积累，使其不能过度积累利润。如果公司过度积累利润，虽然股东的股利收入减少，但是股价会上升，股东可以获得资本利得。

4）通货膨胀。当发生通货膨胀时，折旧储备的资金往往不能满足重置资产的需要。公司为了维持其原有生产能力，需要从留存利润中予以补足，这时管理当局可能调整其股利政策，使得股利支付水平下降。

（3）确定股利支付形式

确定股利支付形式是股份公司制定股利政策时的一项重要工作。常见的股利支付形式包括以下几种。

1）现金股利。现金股利是上市公司以货币形式支付给股东的股息红利。现金股利最容易被投资者接受，也是最常见的股利形式。在公司有足够的累计盈余以保证再投资的资金需求，并有足够的现金用于股利支付的情况下才适宜采用现金股利形式。现金股利的发放可以消除股东对未来收入不确定性的疑虑，增强他们对公司的信心，支持公司的发展与壮大。另外，在信息不对称的情况下，现金股利可以向市场传递这样的信息：公司过去一个经营周期经营良好，能产生丰富的现金流，满足投资项目需求并足以支付现金；公司管理层对公司未来经营充满信心，并体现出其良好的经营决策和管理能力；公司管理层具有对投资者负责的态度。较多的派发现金股利，使公司减少了内部融资，而不得不进入资本市场寻求外部融资，从而便于接受资本市场的有效监督，达到减少代理成本的目的。经常通过金融市场筹集资金的公司将会更多地考虑投资者利益进行决策。

2）股票股利。股票股利即按股东股份的比例发放股票作为股利的一种形式。公司发放股票股利只改变公司股东权益各项目的结构，不影响公司的股东权益总额，也不涉及资金的应用。当公司注册资本尚未足额时，以其认购的股票作为股利支付，也可以是发行新股支付股利，还可以无偿增资配股。

发放股票股利对公司来说，可节约现金用于再投资，降低每股市价，提高投资者的投资兴趣。对股东来说，股票股利通常被成长中的公司采用，从而使股价稳定不变或略有上升，这样便能增加股东财富。

从定性分析的角度看，如果公司有较好的投资项目，该项目就能够产生较高的投资效益，而公司又需要资金投入，或者如果公司缺少这些资金便会严重影响经营活动，从而产生较大的副作用，那么不分配现金股利是明智的选择。反之，如果公司保留的利润没有良好的用途，不能产生较高的收益率，那么应尽量向股东分配现金股利。

在我国上市公司的股利分配实践中，股利支付方式是现金股利、股票股利或者两种方式兼有的组合分配方式。

2. 定量分析

从定量分析的角度看，确定股利支付形式主要解决的是拟分配的股利留在公司能产生多少收益率的问题。一般可通过以下步骤来完成。

1）确定平衡点净收益率。假定公司总股本为 N，并在一年内保持不变，一年后预计该公司在股市上的市盈率为 PE；如果公司分配现金股利，则每股现金股利为 a，股利的个人所得税为 t，公司下一年度的净利润总额为 E；如果不分配现金股利而保留所有利润，这部分资金在下一年度的净收益率为 r。按照股东利益最大化的原则，通过考察今后一年内每股的总价值来进行比较。

在分配现金股利情况下，每股总价值为

$$V_1 = a(1-t)E / N \cdot \text{PE}$$

在不分配现金股利情况下，每股总价值为

$$V_2 = (E + a \cdot N \cdot r)/N \cdot \text{PE} = E/N \cdot \text{PE} + a \cdot r \cdot \text{PE}$$

则平衡点的净收益率为

$$r \cdot \text{PE} = (1-t)$$

即

$$r = (1-t)/\text{PE}$$

2）计算拟分配的股利留在公司能产生的收益率。

3）进行收益率的比较。

如果拟分配的股利留在公司能产生大于平衡点的净收益率，那么选择不分配现金股利的方案；反之，则选择分配现金股利的方案。

（三）履行股利支付程序

1. 决策程序

上市公司股利分配的基本程序：由公司董事会根据公司盈利水平和股利政策，制定股利分配方案，提交股东大会审议，通过后方能生效。我国上市公司的股利分配决策权属于股东大会，现金分红一般按年度进行，也可以进行中期现金分红。

2. 分配信息披露

根据有关规定，股份有限公司利润分配方案、公积金转增股本方案须经股东大会批准，董事会应当在股东大会召开后两个月内完成股利派发或股份转增事项。在此期间，董事会必须对外发布股利分配公告，以确定分配的具体程序与时间安排。

股利分配公告一般在股权登记前 3 个工作日发布。如果公司股东较少，股票交易又不活跃，公告日可以与股利支付日在同一天。公告内容如下。

1）利润分配方案。

2）股利分配对象，为股权登记日当日登记在册的全体股东。

3）股利发放方法。我国上市公司的股利分配程序应当按登记的证券交易所的具体规定进行。

此外，为提高上市公司现金分红的透明度，中国证监会公布的《关于修改上市公司现金分红若干规定的决定》（证监会令第 57 号）要求上市公司在年度报告、半年度报告中分别披露利润分配预案，在报告期实施的利润分配方案执行情况的基础上，还要求在年度报告、半年度报告以及季度报告中分别披露现金分红政策在本报告期的执行情况。同时，要求上市公司以列表方式明确披露前三年现金分红的数额、与净利润的比率。如果本报告期内盈利但公司年度报告中未提出现金利润分配预案，应详细说明未分红的原因、未用于分红的资金留存公司的用途。

3. 分配程序

以深圳证券交易所的规定为例：对于流通股份，其现金股利由上市公司于股权登记日前划入深圳证券交易所账户，再由深圳证券交易所于登记日后第 3 个工作日划入各托管证券经营机构账户，托管证券经营机构于登记日后第 5 个工作日划入股东资金账户。红股则于股权登记日后第 3 个工作日直接划入股东的证券账户，并自即日起开始上市交易。

（四）确定股利发放日期

在股票市场中，股票可以自由买卖。一个公司的股票在不断地流通，它的持有者经常变换，因此必须有一套严格的派发程序，确保股利的正常发放，并依次经过股利宣布日、股权登记日、除息日、股利支付日等阶段。

1. 股利宣布日

股利宣布日（declaration date）是指公司董事会将股东大会通过本年度利润分配方案的情况及股利支付情况予以公告的日期。公告中将宣布每股派发股利、股权登记日、除息日、股利支付日及派发对象等事项。

2. 股权登记日

股权登记日（record date）是指有权领取股利的股东其资格登记的截止日期。只有在股权登记日这一天登记在册的股东（在此日及之前持有或买入股票的股东）才有资格领取本期股利，而在这一天之后登记在册的股东，即使是在股利支付日之前买入的股票，也无权领取本期分配的股利。这部分股东名册由证券登记公司统计在案，届时将所应支付的现金红利、应送的红股或转增股划到这部分股东的账上。

3．除息日

除息日（ex-dividend date）是指股利所有权与股票本身分离的日期，将股票中含有的股利分配权利予以解除，即在除息日当日及以后买入的股票不再享有本次股利分配的权利。我国上市公司的除息日通常是在登记日的下一个交易日。由于在除息日之前的股票价格中包含本次派发的股利，而自除息日起的股票价格中不包含本次派发的股利，通常需要除权调整上市公司每股股票对应的股利价值，以便投资者对股价进行对比分析。

4．股利支付日

股利支付日（payment date）即实际向股东发放股利的日期。公司通过资金清算系统或其他方式将股利支付给股东。

五、实训案例

北京天达电子股份有限公司股利分配

（一）公司简介

北京天达电子股份有限公司（以下简称"天达电子"）是一家高新技术企业，主要经营计算机软件开发、生产及销售企业产品。2011年5月经批准向社会发行2000万股（A股），2015年5月经证监会批准增发3000万股。天达电子2015~2017年均被评为中国最具发展潜力上市公司。天达电子通过投巨资进行技术改造创新，引进国外先进设备，增强研究开发能力，壮大企业的规模。经过多年的努力，天达电子以高科技、高质量、低成本和合理的售价，占领全国市场，并打入国际市场，公司经营进入稳定增长阶段。天达电子2011~2019年收益情况如表9.2所示。

表9.2　天达电子2011~2019年收益情况

年份	经营活动现金流量净额/万元	净利润/万元	净利润增长率/%	每股收益/元
2011	6 521	4 736		0.30
2012	14 387	7 287	53.86	0.34
2013	12 536	7 527	3.29	0.40
2014	12 985	7 918.5	5.2	0.45
2015	15 821	8 057.5	1.76	0.48
2016	16 784	8 667.5	7.57	0.52
2017	19 673	10 240.5	18.1	0.50
2018	20 879	11 316	10.5	0.51
2019	21 768	11 573.5	2.2	0.54

（二）公司股利分配概况

天达电子上市以来，坚持以股东利益为第一位，每年分红率保持较高水平。天达电子利润分配基本政策为：充分考虑对投资者的回报，每年按当年实现的未分配利润中可供分配的利润规定比例向股东分配股利。天达电子股利分配具体政策如下。

1. 股利分配形式

天达电子自 2011 年以来，采取股票股利、现金股利或者两者相结合的方式分配股利。从 2010 年上市至 2019 年，天达电子每年都进行现金股利分配，而且前 6 年发放股票股利，历年累计分红 3 亿多元。

2. 股利支付率

股利支付率是指股利与净利润的比率。作为一种财务政策，股利支付率应当是若干年度的平均值。由表 9.3 可知，2011～2019 年天达电子股利支付率除 2012 年、2019 年有所降低以外，其他年份均持续增长，平均股利支付率接近 50%，属于高股利支付水平。

表 9.3　天达电子 2011～2019 年股利分配情况

分红年度	分红方案（每 10 股）		现金分红总额/元	现金股利支付率/%
	转增/股	派息（税前）/元		
2011	8	1	1 442.585 6	0.304 6
2012	6	1	2 059.306 2	0.282 6
2013	6	2	3 245.642 4	0.431 2
2014	5	2	3 876.897 6	0.489 6
2015	2	2	3 993.297	0.495 6
2016	2	3	4 872.001 75	0.562 1
2017		3	5 855.517 9	0.571 8
2018		3	6 639.097 2	0.586 7
2019		3	677.441 6	0.585 6
平均值			3 629.087 472	0.478 866 667

3. 股利支付程序

天达电子 2011～2019 年股利支付程序（时间）如表 9.4 所示。

表 9.4　天达电子 2011～2019 年股利支付程序（时间）

分红年度	股利分配决议日	股利宣告日	股权登记日	除息日	股利支付日
2011	2012 年 5 月 12 日	2012 年 6 月 10 日	2012 年 6 月 15 日	2012 年 6 月 16 日	2012 年 6 月 30 日
2012	2013 年 5 月 18 日	2013 年 6 月 16 日	2013 年 6 月 20 日	2013 年 6 月 23 日	2013 年 7 月 1 日
2013	2014 年 5 月 16 日	2014 年 6 月 12 日	2014 年 6 月 20 日	2014 年 6 月 21 日	2014 年 6 月 29 日
2014	2015 年 4 月 28 日	2015 年 5 月 31 日	2015 年 6 月 7 日	2015 年 6 月 8 日	2015 年 6 月 25 日

分红年度	股利分配决议日	股利宣告日	股权登记日	除息日	股利支付日
2015	2016 年 5 月 17 日	2015 年 6 月 2 日	2016 年 6 月 8 日	2016 年 6 月 9 日	2016 年 6 月 25 日
2016	2017 年 5 月 18 日	2017 年 6 月 15 日	2017 年 6 月 21 日	2017 年 6 月 22 日	2017 年 6 月 30 日
2017	2018 年 5 月 12 日	2018 年 6 月 10 日	2018 年 6 月 15 日	2018 年 6 月 16 日	2018 年 7 月 2 日
2018	2019 年 5 月 20 日	2015 年 6 月 17 日	2019 年 6 月 21 日	2019 年 6 月 22 日	2019 年 7 月 1 日
2019	2020 年 5 月 13 日	2020 年 6 月 11 日	2020 年 6 月 16 日	2020 年 6 月 17 日	2020 年 7 月 1 日

（三）股利政策评价

1. 公司股利政策情况

从天达电子 2011～2019 年的发展情况看，其业务稳定增长，投资需求减少，净现金流入量增加，净利润逐年增加。天达电子 2011～2019 年每股收益分别是 0.30、0.34、0.40、0.45、0.48、0.52、0.50、0.51、0.54 元，如图 9.1 所示。

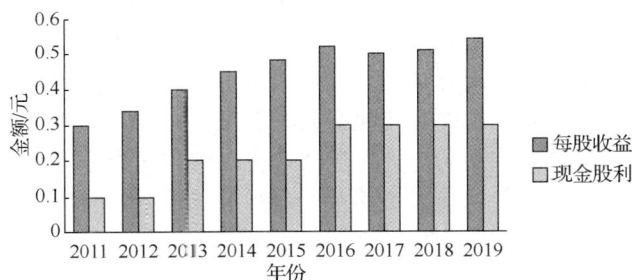

图 9.1　天达电子 2011～2019 年每股收益与现金股利对比图

从图 9.1 可以看出，天达电子上市后的前 6 年（2011～2015 年）利润增长较快，说明公司处于快速增长阶段。由于公司的利润快速增长，适合采取固定或稳定增长的股利政策。2017 年和 2018 年的利润稍有回落，但 2019 年每股收益比 2016 年增加 0.04 元。说明公司已从快速增长阶段进入稳定增长阶段。在此阶段，尽管利润有所回落，但波动较小。公司管理层根据该阶段的特点，准确地预测未来盈余，采取较为稳定的股利政策。

（1）发放形式分析

天达电子自 2011 年以来，采用的股利分配方式主要是现金股利和股票股利。现金股利是公司对股东的最直接的回馈方式，也是最能够吸引投资者的股利支付方式。但是支付现金股利也需要公司具备一定的条件，主要是公司具有良好的盈利和现金支付能力。天达电子 2011～2019 年股利分配情况如表 9.5 所示。

表 9.5　天达电子 2011～2019 年股利分配情况

年份	每股收益/元	股利发放	
		现金股利/元	转增股（每 10 股）
2011	0.30	0.1	8
2012	0.34	0.1	6
2013	0.40	0.2	6
2014	0.45	0.2	5
2015	0.48	0.2	2
2016	0.52	0.3	2
2017	0.50	0.3	
2018	0.51	0.3	
2019	0.54	0.3	

　　天达电子的盈利水平逐年增加，股利支付水平也在稳步提高。天达电子 2011～2012 年股利支付率为 30%左右，2013～2015 年股利支付率为 40%～50%，2016～2019 年股利支付率为 55%～60%。由此说明公司盈利水平为连续高密度的发放现金股利提供了强有力的支撑，而且通过股利政策向市场传递有关公司未来盈利能力的信息。因为对市场投资者来说，股利政策的差异或许是反映公司质量差异的极有价值的信号。如果公司连续保持较为稳定且较高的股利支付率，投资者就可能对公司未来的盈利能力与现金流量抱有较为乐观的预期，从而可以提高公司的价值。

　　天达电子在 2011～2014 年采取连续"高送转"股票股利政策，以资本公积转增股本的大额转股行为，即"10 转增 8""10 转增 6""10 转增 6""10 转增 5"。这种政策使得投资者对其未来发展前景十分看好。但是，天达电子从 2015 年开始，股票股利分配政策开始变化，在 2015 年和 2016 年仅采取"10 转增 2"的股票股利方案。天达电子 2011～2019 年转增股情况如图 9.2 所示。

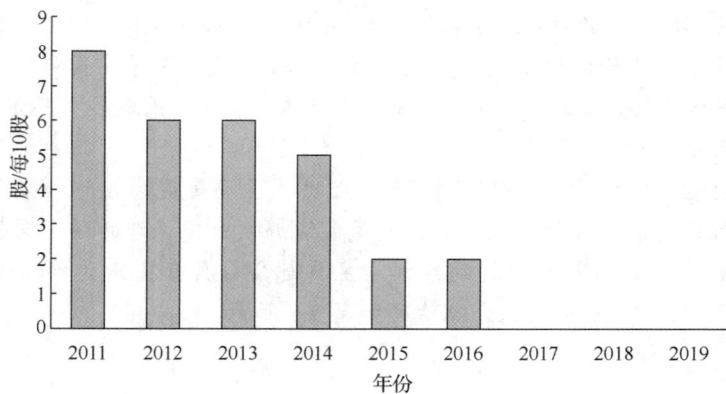

图 9.2　天达电子 2011～2019 年转增股情况

天达电子在采取不同的股票股利政策的同时保持现金分红，且其派息金额在稳步增长，从 2011 年开始，九年间每 10 股派息由 1 元、2 元到 3 元。

天达电子通过稳定增长的股利分配政策向投资者传递公司经营业绩稳定、持久盈利、风险较小的信息，以此提高投资者的信心。

（2）确定发放时间

天达电子各年股利支付的程序依次是股利宣告日、股权登记日、除息日、股利支付日。除息日为股权登记日的第二天。股利都在股利宣告日后 14~25 天发放，发放及时，说明公司现金支付能力强，信誉度高。

2. 公司股利政策背景分析

（1）软件行业发展迅速

自 1978 年起，我国软件产业经历了萌芽与低谷、摸索与转型。根据工信部发布的《2021 年软件和信息技术服务业统计公报》，2019 年我国软件业务收入为 72 072 亿元，2020 年进一步增长，达到 81 586 亿元，2021 年达到 94 994 亿元。

随着科技的发展，软件行业在国民经济中所占比重逐年上升：2013~2019 年，软件行业收入占我国国内生产总值的比重从 5.14% 上升至 7.24%，2020 前三季度软件行业收入占我国国内生产总值的比重为 8.08%，软件行业在国民经济中的地位日益重要。

2019~2021 年，我国软件和信息技术服务业运行态势良好，收入和效益保持较快增长，吸纳就业人数稳步增加；产业向高质量方向发展步伐加快，结构持续调整优化，新的增长点不断涌现，服务和支撑两个强国建设能力显著增强，正在成为数字经济发展、智慧社会演进的重要驱动力量。

在软件产业发展模式上，我国的软件设计能力还存在薄弱之处，市场竞争力相对薄弱。近些年来，我国政府对软件行业的扶持力度不断加大，随着技术的不断进步与创新，未来软件行业技术将呈现网络化、服务化、智能化、平台化及融合化的发展趋势。

（2）国家税收优惠政策

科技决定市场，科技改变企业。今日世界，无论什么行业的企业，也无论企业大小，科技水平和创新能力都是企业生存与发展的关键，决定着企业的现在和未来。

近年来，我国不断推出科技创新企业各种相关利好政策。高新技术企业减按 15% 税率征收企业所得税，软件企业和集成电路产业的税收优惠政策如下。

1）集成电路线宽小于 0.8 微米（含）的集成电路生产企业，经认定后，在 2017 年 12 月 31 日前自获利年度起计算优惠期，第一年至第二年免征企业所得税，第 3~5 年按照 25% 的法定税率减半征收企业所得税，并享受至期满为止。

2）集成电路线宽小于 0.25 微米或投资额超过 80 亿元的集成电路生产企业，经认定后，减按 15% 的税率征收企业所得税，其中经营期在 15 年以上的，在 2017 年 12 月 31 日前自获利年度起计算优惠期，第 1~5 年免征企业所得税，第六年至第十年按照 25% 的法定税率减半征收企业所得税，并享受至期满为止。

3）我国境内新办的集成电路设计企业和符合条件的软件企业，经认定后，在 2017 年 12 月 31 日前自获利年度起计算优惠期，第一年至第二年免征企业所得税，第 3～5 年按照 25%的法定税率减半征收企业所得税，并享受至期满为止。

4）国家规划布局内的重点软件企业和集成电路设计企业，如当年未享受免税优惠的，可减按 10%的税率征收企业所得税。

5）符合条件的软件企业按照《财政部 国家税务总局关于软件产品增值税政策的通知》（财税〔2011〕100 号）规定取得的即征即退增值税款，由企业专项用于软件产品研发和扩大再生产并单独进行核算，可以作为不征税收入，在计算应纳税所得额时从收入总额中减除。

6）集成电路设计企业和符合条件软件企业的职工培训费用，应单独进行核算并按实际发生额在计算应纳税所得额时扣除。

7）企业外购的软件，凡符合固定资产或无形资产确认条件的，可以按照固定资产或无形资产进行核算，其折旧或摊销年限可以适当缩短，最短可为 2 年（含）。

8）集成电路生产企业的生产设备，其折旧年限可以适当缩短，最短可为 3 年（含）。

这些优惠政策都会给此类企业带来发展机遇。

（3）企业内部发展

自上市以来，天达电子经营业绩持续增长，净利润从 2011 年的 4 736 万元增长到了 2019 年的 11 573.5 万元，增长 2.44 倍，说明 8 年间公司规模扩张较快，企业发展较好。

在增长趋势较好的行业背景下，又有国家税收政策支持的红利，天达电子近几年不断扩张发展。企业的增长需要大量资本的投入，面对大量的资金需求，公司需要通过资本市场来不断提高自身的资本运作能力，进行更合理的筹资决策。此时进行"高送转"的股利分配政策，正是公司利用资本市场加强资产经营管理和资本运作能力的重要举措。

3. 股利政策战略动因分析

通过对股利分配政策的分析，可以把天达电子的股利分配政策分为两个阶段，即 2011～2014 年与 2015～2019 年。下面分别对这两个阶段不同的股利分配政策进行动因分析。

（1）2011～2014 年

1）扩大股本规模，增强资本运作能力。

这段时间，天达电子股利分配政策符合"高转送"股票股利政策。在投资者眼里，"高转送"股利政策代表一种"高增长性"。

此时，天达电子刚上市，股本规模较小，股票流动性较低，发行股票的超募资金进入资本公积项目，主要用途就是转增资本，其充足的资金为其进行股票股利提供了基础。通过转增资本来调整资本结构，通过"高送转"的方式进行股本规模扩张，大大增强了股票的流动性。

同时在多种扩张股本规模的方式中，"高送转"模式具有成本较低的优势，也不会产生公司现金的流出，可以保持公司的稳定性。并且用这种方式扩大股本规模可以提高公司抵御市场风险的能力，通过股权分散降低被兼并收购的风险。

进行"高送转"股票股利政策的公司，一般对公司未来的盈利能力非常看好，同时向外界传递出经营发展较好的信号，吸引投资者，为进一步的筹资活动进行准备，从而增强公司资本的运作能力。

2）释放利好信号，吸引投资者进入。

天达电子在确定股利分配政策时会考虑市场反应。作为高速成长期的企业，盈利能力在提高的同时，也需要大量的资本投入，进行公司扩张，逐步占据市场份额。因此天达电子通过"高送转"的股票股利政策，向外界释放公司盈利较好的信号，同时表明公司管理层对公司未来发展的预期情况，使得投资者对其心理预期提高，以此吸引投资者进入。

（2）2014~2019年

从2015年开始，天达电子扩展业务，其经营战略及产权结构有所变化，此时可以通过选择低转股的股利分配政策进行调整。天达电子通过"高派息"现金股利政策，提振投资者的信心。

信号传递理论认为，在资本市场不完全有效的情况下，由于信息不对称，公司管理层掌握更多的内部信息，需要借助股利政策来向外界传达关于公司经营和股利分配的相关信息。

市场一般认为，当公司采取高派现的股利政策时，说明公司有大量的资金资源，有强大的盈利能力，对未来有充足的信心，因此，市场会将其作为一种正向信号，认为股价有升高空间而选择加大投资；反之，如果公司突然不派现或者减少派现，市场就会认为这是公司存在资金困难、投资遇到阻碍的表现，公司的股价可能会降低。

因此，现金股利的支付水平能够在一定程度上向市场传达公司的内部信息，但是市场对其敏感程度与公司选择的股利形式有关。

六、实训练习

长风公司股利分配

长风公司于1998年在广州市注册成立，是一家专门生产各种汽车配件的生产企业。公司董事长李伟一向以主动进取的态度经营公司，他所采用的政策使得公司的销售与资产迅速增长。公司于2007年在证券交易所挂牌上市。公司紧紧抓住广州汽车工业良好的发展机遇，先后与国际知名零部件企业合资合作，组建了8家零部件生产企业。公司主要生产汽车座椅、灯具、转向器、减震器、地毯、隔音件、空调、弹簧、聚氨酯、铝熔液、铝轮圈等产品，产品主要供给国内各大整车厂，部分产品还出口到东南亚等国家和地区。目前公司是一个拥有现代化厂房，集研发、技术、管理、生产、销售于一体的集团公司。

2020 年，长风公司面临市场渐趋饱和及与其他公司同类产品激烈竞争的双重压力，收益明显下降，预计全年净利润比上年下降 30%。公司面临着重要的发展战略选择和股利分配方案的安排问题。

公司董事会在讨论 2021 年发展战略时提出 3 份草案：第一，公司在维持现状的基础上，加强市场的细分战略，具体细分方案由营销部做出，预算为进一步投资 2 300 万元，在短期内可望获得 10% 的净收益率，以扭转盈利下降的势头；第二，只抓住几种主要的、尚在热销的零配件生产，放弃其他零配件的生产，在较短的时间退出此行业，收回投资，缩小规模，等待进一步发展的时机；第三，立刻投入新型的汽车配件的开发，预计需筹集 6 000 万元资本进行重点投入，如果进展顺利，此项目第二年底将获得回报，整个项目的投资收益率为 13% 以上。

董事会要求公司财务总监根据 2021 年发展战略草案提出配套的股利分配方案。

为制定更合理的股利政策，财务总监认真分析了公司的具体情况、筹资方式及其资本成本情况。

公司目前资产总额 38 亿元，权益资本 26.6 亿元，公司最佳资本结构为 30% 的负债和 70% 的权益资金；现有流通在外普通股股票 5 000 万股，面值为 1 元；2020 年度每股股息为 0.50 元，并以现金股利支付给全体股东，付息比为 40%。公司承诺，为维护企业形象，2021 年每股派发不少于 0.50 元的现金或其他形式的股息。

筹资方式及其资本成本具体资料如下。

1）如果用负债的方式筹集资金，根据公司所处行业的具体情况，具体预测分析如表 9.6 所示。

表 9.6　不同负债水平的债务利率

负债比例范围	0～15%	16%～30%	31%～45%	46%以上
债务利率/%	5	8	10	11

2）如果通过普通股的方式筹集资金，当前股东投资回报期望不低于 10%。进一步分析可了解到，40% 的股东偏好股票的资本利得收益，20% 的股东偏好现金股利收益，另外 40% 的股东对现金股利或资本利得收益无明显偏好。但是，现有股东出于风险考虑，仅愿意以公司目前的每股收益为最大投资界域，要等公司有转机之后，才愿意进一步追加新投资。

3）如果公司从新的股东处筹资，就目前市场状况而言，每股发行价格为 6.5～7.0 元，且有占发行价 3% 的筹资费用。目前本行业的市盈率偏低，仅 8 倍，但估计调整产业结构后本行业 2021 年下半年市盈率可望达到 20 倍左右。公司所得税率为 25%。

此外，在股利分配中，无论采用单一还是组合分配形式，都要尽可能兼顾各类股利偏好的股东利益，解决各方矛盾，使公司价值趋于增长或最大；要保证现有股东的控股权，不可分散过度。否则，董事会难以通过。在原有负债协议中，有限制股东现金股利超标准发放的相关条款，而税务部门由于面临财政资金周转的困难，正对各企业非现金形式的各种股利措施倍加关注。

实训要求：

根据以上资料回答下列问题。

1）公司在选择股利政策时需要考虑的因素有哪些？

2）公司为何要承诺 2021 年每股派发不少于 0.50 元的现金股利或其他形式的股息？

3）该公司的债务情况如何影响股利决策？

4）你认为财务总监会设计出哪几种股利分配方案？

参 考 文 献

陈玉菁，2019. 财务管理实务与案例[M]. 北京：中国人民大学出版社.

邓路，2017. 财务管理案例：中国情境下的"哈佛范式"案例[M]. 北京：中国人民大学出版社.

王兰会，孟庆华，2012. 财务管理职位工作手册[M]. 3版. 北京：人民邮电出版社.

张思强，卞继红，陈素琴，2018. 财务管理理论与实务[M]. 3版. 北京：北京大学出版社.

中国注册会计师协会，2021. 财务成本管理[M]. 北京：中国财政经济出版社.

朱清贞，颜晓燕，黄小勇，2019. 新编财务管理经典案例[M]. 北京：北京师范大学出版社.